当代大学生道德体系构建研究

施璇 ◎ 著

辽宁人民出版社

图书在版编目(CIP)数据

当代大学生道德体系构建研究 / 施璇著. -- 沈阳 ：
辽宁人民出版社，2025. 2. -- ISBN 978-7-205-11465-7

Ⅰ. G641.6

中国国家版本馆 CIP 数据核字第 20258N8K86 号

出版发行:辽宁人民出版社
　　　　　地址:沈阳市和平区十一纬路25号　邮编:110003
　　　　　电话:024-23284325(邮　购) 024-23284300(发行部)
　　　　　http://www.lnpph.com.cn
印　　　刷:沈阳绿洲印刷有限公司
幅面尺寸:185mm×260mm
印　　　张:12.25
字　　　数:210千字
出版时间:2025 年 2 月 第 1 版
印刷时间:2025 年 2 月 第 1 次印刷
责任编辑:张天恒　王晓筱
封面设计:山月设计
版式设计:田永琪
责任校对:吴艳杰
书　　　号:ISBN 978-7-205-11465-7
定　　　价:45.00元

　　道德修养是大学生成长的重要基础，立德树人是高等学校的根本任务。因此，开展大学生道德教育，是高校落实立德树人根本任务的应有之义，是全面培养担当民族复兴重任的时代新人的现实之需，是推进公民道德素养提升的实践之要。

　　道德是立身兴国之本，大学生要自觉讲道德、尊道德、守道德，做社会主义道德的践行者、示范者和引领者。就目前来看，虽然我国高等教育提倡大学生道德教育，但不可否认的是，我国大学生道德教育依然存在着诸多问题。具体表现为：在我国的高等教育中，依然存在着重视智育轻视德育的现象，这也是传统教育惯性的体现。在高校中，大学生道德教育缺乏足量的、专业的师资，缺乏专门的课程以及大规模的内容。但最为突出的是，在我国的高等教育中，大学生道德教育缺乏统筹，没有形成大学生道德教育体系，这也使得大学生不能够全面、深入、系统地接受道德教育，造成大学生没有形成成熟的道德体系。比如有的高校强调个人品德，往往忽视社会公德；有的高校强调职业道德，却忽略了网络道德。这也使得大学生道德素质出现了"营养失衡"的现象。

　　为了能够让大学生全面、深入、系统地接受道德教育，完善大学生的道德体系，全面提升大学生的道德素质，笔者对大学生道德体系的构建进行了深入的研究，并取得了一系列研究成果。为了方便与同人加强交流，笔者将研究成果撰写成《当代大学生道德体系构建研究》一书，以期抛砖引玉，为构建大学生道德体系、加强开展大学生道德教育、全面提升大学生道德素质作出自己的贡献。

本书以大学生道德体系的构建为研究对象，在宏观研究大学生道德体系构建的基础上，对各个类型的道德教育进行了深入的研究。本书的具体内容包括：当代大学生道德体系的审视和道德问题的主要表现、大学生社会公德教育研究、大学生生态道德教育研究、大学生网络道德教育研究、大学生职业道德教育研究、大学生家庭美德教育研究、大学生个人品德教育研究、大学生中华传统美德教育研究，以及大学生道德教育的拓展。

在研究的过程中，笔者参阅、借鉴了专家学者和一线教师的研究成果，由于篇幅有限，不能一一感谢，在此一并谢之。

由于研究水平有限，加之写作时间仓促，疏漏之处在所难免，希望广大读者不吝赐教、批评指正。

施　璇

2024年5月10日

CONTENTS

目 录

第九章　大学生中华传统美德教育研究 / 145

第十章　大学生道德教育的拓展 / 163

参考文献 / 181

第一章

当代大学生道德体系的审视

大学生道德是大学生的行为规范，对大学生的成长成才有着至关重要的作用，因此，大学生道德培养也是大学生教育的重要内容。但目前来看，由于多方面因素的影响，大学生道德培养出现了单一化、片面化的问题，使得大学生道德培养没有发挥应有的教育作用，也使得大学生道德素质提升受到了一定的限制。在这种情况下，提出大学生道德培养体系化，构建大学生道德体系，以便全面、深入地提升大学生的道德素质，帮助大学生成长成才。

第一节　大学生道德的审视

道德对人们来说耳熟能详，道德规范着每个人的行为，调节着社会关系，在人们的生活中非常重要。大学生是未来中国的建设者和接班人，同时也是现代化的建设者和接班人，拥有良好的道德素质是大学生成为合格的时代新人的必要条件。因此，高校要加强大学生道德教育，提升大学生道德修养，培养德才兼备的时代新人。

一、大学生道德的内涵

对大学生进行道德教育，首先要明确道德的内涵。只有在明确道德内涵的基础上，才能够有的放矢开展大学生道德教育。

1.大学生道德的含义

在明确大学生道德的含义之前，首先要明确道德的含义。

道德是每一个人心中的规范，它是一种个人意识，更是一种社会意识，是起源于人类社会生产实践的意识合力，由社会存在所决定。在生产劳动的过程中，人们为了维护自身的利益，为了保障生产的顺利运行，达成了一定的约定，来调节人类的社会生活。不难理解，人类是群居的社会性群体，需要在与他人的交往中才能够实现自己的自身价值，在这种情况下，生产劳动将人们联系起来，产生了人类群落，人们为了维护自身的利益安全和生活的和谐稳定，达成了一定的约定，形成了关系的准则和行为的规则，这就是道德最初的起源。

马克思认为，社会存在决定社会意识，社会意识对社会存在具有反作用。对于马克思的说法，我们可以从两个方面理解。一方面，道德的产生基于社会的发展，比如我国古代道德的产生，既是为了维护农业生产秩序，也是为了维护封建专制统治。而当今我国的中国特色社会主义新时代的道德，主要是为了实现中华民族伟大复兴的中国梦。另一方面，道德对于整个社会来说也具有反作用，优秀的先进的道德能够推动人类社会的发展，落后的道德观念则会阻碍社会的进步。

总的来说，我们可以这样理解道德：道德是在人类实践过程中自发形成的，发展于人类生活每一个阶段的，存在人类社会每一个细节的，依靠人类自身信仰来规范的，被社会舆论来规范的，对每个社会成员起到约束作用的行为规范。道德是人类社会判断是非、美丑、善恶的重要标准，是协调人们之间关系的重要基础，是社会意识形态在规范社会关系和个人行为中的集中体现，对于个人行为和社会发展有一定的规范作用。

所谓大学生道德，就是大学生应该具有的道德素质。理解大学生道德，需要从以下两个方面着手：一方面，大学生道德要符合社会道德的标准，也就是说，大学生道德并不区别于社会道德，与社会道德的标准一致。另一方面，由于大学生是社会高知识群体，是中国式现代化的未来建设者和接班人，因此，对于大学生的道德要求更全面，标准也更高，这是有别于对一般社会成员道德要求的地方。此外，由于大学生刚刚成年，道德修养水平还有待提高，因此大学生道德也急需进一步完善。

2.大学生道德的特征

大学生群体是年轻人的群体，在这一年龄段，大学生的身心逐渐走向成熟，在这个时期，大学生道德体现出以下几个特征。

第一，大学生道德的差异性特征。理解大学生道德的差异性特征，要从两个方面着手：一方面，每一批大学生都有其自己的道德重心，也就是说，随着时代的发展，大学生群体的道德重心也在不断转变。比如，以往的大学生在个人品德方面比较看重，在社会公德方面修养不足；而当今的大学生在社会公德方面比较看重，个人品德方面不够重视。另一方面，每个大学生的道德水准也不尽相同，虽然大学生在高中阶段的教育内容几乎相同，但不可否认的是，由于生活环境、个人禀赋等诸多方面因素的影响，大学生的道德水准也呈现出较大的差异。因此，在开展大学生道德教育的时候，要充分考虑大学生道德的差异性。

第二，大学生道德的可塑性特征。大学生群体是充满朝气和活力的青年群体，这个时期的大学生表现为好奇心强、参与意识高、求知欲强、容易接受新事物等心理特点。从一定程度上来看，大学生的世界观、人生观和价值观尚未确立，自身道德也处于成长阶段，道德水平还有很大的提升空间。同时，大学生具有较高的文化基础，经历过学校教育较好的道德培养，因此具有进一步提升道德水准的良好条件。此外，由于大学阶段是大学生快速成长的阶段，身体和心理在这一阶段也趋于成熟，更有利于大学生接触新鲜事物。在这种情况下，如果对大学生施加有效的道德教育，可以大幅度提高大学生的道德水准。也就是说，大学生的道德水准可以被道德教育有效地影响，这也是大学生道德可塑性的体现。

第三，大学生道德的实践性特征。道德本身就有实践性的特征，大学生道德亦是如此。一方面，大学生道德的养成和水平的提高，需要不断实践，只有通过不断实践，大学生才能够不断地体验道德的内涵，逐渐形成思想的约束和行为的规范。另一方面，大学生道德的展现需要实践，只有在实践中，大学生才能展现道德水准，才能够发现道德中存在的问题和不足，才能不断提高道德水平。因此，在开展大学生道德教育的时候，要高度重视实践的作用，不要将道德教育作为一种简单的说教、一种知识的传授，而应该充分利用实践的内容和实践的方法开展大学生道德教育。

第四，大学生道德的长期性特征。道德不是一朝一夕完成的，大学生道德也不是一蹴而就的。大学生是朝气蓬勃的青年人，正处于成长成才的关键阶段，培养大学生的道德、提升大学生的道德水准，不能拔苗助长，也不能单单依靠高校开展的道德教育，要通过学习、生活、工作中的点点滴滴，将各种道德行为作为大学生的一种习惯。由此可见，对于大学生道德教育来说，要长期坚持，不断地对大学生施加影响，只有这样才能够逐步提升大学生的道德水平。

二、影响大学生道德的因素

大学生道德的养成受到多方面因素的影响。目前来看，影响大学生道德养成的因素主要有以下几个方面。

第一，家庭环境因素。家庭是人们成长的重要场所，家长是每名大学生的启蒙老师。如果在家庭环境中，重视大学生的道德养成，那么大学生的道德水准就会相对较高。如果在家庭环境中，不重视大学生的道德养成，那么在一定程度上会阻碍大学生道德水准的提升。在家庭环境中帮助大学生提升道德水准，主要是来源于家长的言传身教。一方面，关于道德问题，家长要跟孩子及时交流，帮助大学生不断完善道德素质、提升道德水平。另一方面，家长在孩子面前也要以身作则，告诉孩子什么才是正确的道德行为，这样才能让孩子见贤思齐，提升道德水准。

第二，社会环境因素。社会环境因素也是大学生道德养成的重要影响因素。目前来看，涉及大学生道德养成的社会因素主要有两个方面：一方面，社会风气会影响大学生的道德养成。如果社会风气良好，大学生就会在良好的社会风气中逐步养成良好的道德；反之，如果社会风气不够良好，那么大学生很可能在耳濡目染中出现道德失范现象，正所谓"近朱者赤，近墨者黑"。另一方面，网络环境影响大学生的道德养成。目前来看，网络是大学生获取信息的主要途径，但网络信息往往鱼龙混杂、良莠不齐、泥沙俱下，存在着很多错误的思考和错误的价值观，大学生缺乏阅历，很容易受错误信息的引导，从而造成道德方面的缺失。

第三，学校教育因素。学校是开展大学生道德养成的主渠道和主阵地。目前来看，学校在大学生养成方面仍然存在着几个方面的问题。首先，学校在大学生道德养成方面课程化程度不高，目前，大学生道德养成方面的课程，主要设置于高校思想政治理论课中，无论在篇幅还是在内容方面，其实很难满足大学生的成长需求。其次，教师在大学生道德教育方面的方法过于单一，很多高校教师在开展大学生道德教育的时候，依然依赖于讲授式教学方法，使学生缺乏实际的道德体验，教学方法的单一使大学生道德教育的效果大打折扣。最后，教师道德修养不足，部分高校教师自身道德修养不足，很难作为道德榜样开展榜样教育，不能成为学生道德学习的对象，也使得大学生道德教育的效果大打折扣。

第四，朋辈影响因素。在大学生道德养成的过程中，同类群体的影响不可忽视。一般来说，大学生的朋辈是大学生重要的同类群体，对大学生的道德养成起到了重要的影响作用。不难理解，朋辈之间有着相同的价值观，有着类似的生活际遇，能够很顺畅地交流，能够对彼此产生深远的影响。在这种情况下，大学生的朋友之间会互相模仿、互相熏陶、互相影响，在潜移默化中开展大学生道德教育。因此，要高度重视大学生朋辈对于大学生道德养成的影响，积极引导良好的朋友关系，促进大学生道德水平的提升。

第五，文艺作品因素。文艺作品对大学生道德养成的影响同样十分重要。优秀的文艺作品是人类文化的精华，不仅能够带给人们娱乐享受，也传递着一定的价值观，展现出一定的道德内容。大学生在欣赏文艺作品的时候，也会对文艺作品的角色有代入感，了解文艺作品中角色的价值观和道德内容，在这种情况下，文艺作品对大学生的道德养成就有着非常重要的影响。在开展大学生道德教育的过程中，要高度重视文艺作品对大学生道德养成的影响，引导大学生欣赏积极向上的文艺作品，提升自身的道德水准。

三、大学生道德的基本要求

大学生是社会主义现代化国家的建设者和接班人，对于大学生道德的要求，主要有如下几个方面。

第一，大学生要具备基本的道德素质。也就是说，大学生的道德水准要达到社会的基本要求。在个人品德、社会公德、职业道德、家庭美德方面，大学生最应该有良好的道德修养，能够提升自身的道德品质，能够调节社会关系，表现出良好的行为规范，符合社会对大学生基本的道德形象。

第二，大学生对道德养成要具有开放的心态。也就是说，大学生要积极提升自己的道德修养，在学习中、实践中不断加强自己的道德体验，要努力寻找自身的道德缺失和不足，通过自身的努力逐步提升自己的道德水准。只有这样，大学生才能不断成长，不断提升自身的道德素质。

第三，大学生要对自身的道德素养提出更高的要求。也就是说，大学生在达到基本道德素质的基础上，还应该提升对自身的要求，不断完善自身的道德素养。比如大学生在学术道德方面、生态道德方面、网络道德方面，都应该加强修养，努力成为符合时代要求、具有较高道德水准的时代新人。

第二节　大学生道德体系的提出

随着科学技术的发展、经济社会的进步，今天的人们面临着更为复杂的道德状况，社会对人们的道德要求越来越高。大学生是实现中国式现代化的重要建设者和接班人，应该具有较高的道德素质。在这种情况下，道德体系的概念逐渐走入了人们的视野。

一、大学生道德体系的含义

所谓道德体系，是指不同类型的道德构成的系统化结构。道德体系的提出，拓展了原有的道德概念。第一，道德体系的提出，使原本相对孤立的各个类型的道德内容体系化，形成了"大道德"或"全道德"的概念。第二，道德体系的提出，有助于明确道德的类型和标准，通过体系化结构，及时发现人们道德中存在的问题。第三，道德体系的提出，有助于进一步开展道德教育，将道德教育课程化，以便深入开展道德教育。

所谓大学生道德体系，可以从两个方面理解：第一，对于大学生个人来说，需要建立全面的道德体系，形成各个类型道德集于一体的全面的道德素质；第二，对于大学生道德教育来说，需要系统化开展大学生道德教育，帮助大学生构建道德体系。

二、大学生道德体系的特点

大学生道德体系的特点，主要有以下几个方面：第一，大学生道德体系具有全面性，大学生道德体系涵盖了各个类型的道德，全面提升大学生的道德素质；第二，大学生道德体系具有诊断性，在大学生道德体系中，容易发现大学生道德素质的缺失，能够及时查缺补漏、亡羊补牢；第三，大学生道德体系的开放性，在大学生道德体系中，可以根据环境变化和成长需要，有计划地提升某些方面的道德素质，也就是说，大学生道德体系是不断完善的。

三、提出大学生道德体系的意义

提出大学生道德体系的意义，主要有以下几个方面：第一，提出大学生道德体系，进一步明确了大学生道德教育的目标，从原来较为抽象的目标体系，变为具体的目标体系；第二，提出大学生道德体系，进一步明确了大学生道德教育的内容，将原本综合的内容模块化，更有利于道德教育的开展；第三，提出大学生道德体系，有利于教育方法的创新，高校教师可以根据不同类型的道德，使用不同的方法，比如社会公德教育可以使用榜样教育的方法，生态道德教育则可以使用现场体验的方法。

第三节　大学生道德体系的构建背景

随着社会各界对道德认识的深入，人们开始发现，道德问题并非单一的好与坏，而是有着非常具体的、全面的内容。同时，随着经济社会的发展，在社会生活中也出现了新的道德形态，使道德问题复杂化。在这种情况下，大学生道德教育需要进一步全面化、系统化、深入化，对大学生的道德逐渐呈现出体系化的特征。因此，今天谈到大学生道德，并非一个单纯的是非标准，而是一个道德体系，所以，在大学生道德建设的过程中，也应该开展道德的体系化教育，构建大学生的道德体系，使大学生成为具有全面、系统、高度道德修养的时代新人。不难看出，大学生道德体系构建的提出，有其深刻的时代背景、社会背景和教育背景。

一、大学生道德体系构建的时代背景

由上可知，道德是由社会意识形态产生的，是人们在生产生活中的行为规范，在社会中有一定的约束作用，但要清晰地认识到，道德是动态变化的，不是一成不变的。不同时代的道德，有着不同的内涵，也有着不同的作用。因此，随着我国社会经济的发展、对外开放的深入、科学技术的进步，我国人民的生活方式也发生了翻天覆地的变化。在这种情况下，我国社会的道德内涵也发生了巨大的变化。比如，受工业发展的影响，生态环境遭遇了巨大的挑战，在这种情况下，生态道德被提上了议事日程；再比如，受信息技术发展的影响，网络空间的道德问题显得日益严峻，在这种情况下，网络道德进入了大众视野。由此可以看出，目前的我国社会的道德内涵，随着经济社会的发展不断调整和丰富。在这种情况下，对大学生的道德要求也应该随着社会道德内涵的不断丰富而不断调整和变化，显然，原有的大学生道德要求已经不能满足大学生成长成才的需要，因此，要进一步丰富大学生道德培养的内容，这就需要大学生道德培养各方以体系化的思维，构建大学生道德体系，从而丰富大学生的道德内涵，提升大学生的思想境界。显然，大学生道德体系的提出，是道德体系化发展的结果，是对时代新人道德要求的必然。因此，构建大学生道德体系，可以帮助大学生顺应时代发展更好地紧跟时代发展。

二、大学生道德体系构建的社会背景

随着我国经济社会的发展，人们的思想在发生着变化，对道德的认知不断完善和提升，同时，对于大学生的道德要求也在不断提高。以往，社会各方对于大学生道德的要求往往体现在认真负责、诚实守信、勤勉努力等个人品质方面。但随着经济社会的不断发展，出现了各种新情况、新问题、新形势，在这种情况下，对于大学生的道德要求在不断提升，也在不断完善。比如，由于我国城市化的发展，使得人口集中在主要城市，这就使得城市的公共资源相对紧张，在是否遵守公共秩序方面，产生了一定程度上的道德冲突，特别在公交车让座等典型事件中，道德冲突显示得愈加明显。在这种情况下，需要加强对大学生的社会公德教育，帮助大学生树立正确的社会公德观，规范大学生的社会行为，才能让大学生更加适应现代生活。在这种情况下，大学生需要构建完善系统的道德体系，从而来应对社会生活中的方方面面，时刻保持良好的道德规范。显然，大学生道德体系的提出，是社会发展对个人道德要求的必然，今天的社会高速发展，人们需要遵守的道德内容比以往要多得多，在这种情况下，建立道德体系对于全面适应社会至关重要。因此，构建大学生道德体系，可以帮助大学生更好地适应社会、融入社会。

三、大学生道德体系构建的教育背景

众所周知，道德教育是我国高等教育的重要组成部分，也是大学生素质教育的重要基础。以往，在进行道德教育的时候，往往采用道理说教、照本宣科的教育模式，这使得道德教育显得单一化、片面化，影响了道德教育的效果。特别是高校往往从学校范围内的需求出发开展道德教育，忽略了家庭、社会等其他范围的道德需求，使得大学生的道德素质存在着一定的缺陷。在这种情况下，提出构建大学生道德体系，将大学生道德教育体系化，全面调动大学生道德教育的各种因素，全面提升大学生的道德素质，减少大学生的道德"盲区"，促进大学生在道德方面的全面发展，从而为将来大学生走向社会、走进家庭、走入职场做更充分的准备。由此可见，大学生道德体系构建也是目前高校道德教育的需求。显然，大学生道德体系的提出，是对大学生道德教育认识的加深，只有从体系化的角度认识大学生道德教育，才能调动大学生道德教育的积极因素，利用大学生道德教育的各种资源，帮助大学生全方位掌握各个类型的道德，全面实施大学生道德教育，全面提升大学生的道德水平。

这里要说明的一点是，大学生道德体系构建是指大学生道德素质的体系化，也就是全面、系统地培养大学生的道德素质。

第四节 大学生道德体系的构建要素

构建大学生道德体系，既要知道大学生道德体系的主要内容，也要明确构建大学生道德体系的主要办法。因此，大学生道德体系的构建要素，可以从大学生道德素质要素和大学生道德教育要素两个方面来考量。

一、大学生道德素质要素

大学生道德素质要素，是指大学生道德素质中应该具有的内容，了解了大学生道德素质要素，才能明确大学生道德体系构建的方向。具体来说，大学生道德素质要素包括以下四个方面。

1.大学生的道德认知

大学生的道德认知，是大学生对于道德的理论知识、行为准则的认识。一般来说，大学生的道德认知，可以分为道德意识、道德思维、道德观念三个部分。大学生的道德意识，通常是指大学生在社会生活中，能够意识到相关的道德问题，对于道德现象有一定的敏感度，这是大学生道德基本修养的一个体现，大学生只有具有了道德意识，才能有意识地去思考道德问题，这也是大学生道德水准提升的前提。大学生的道德思维，通常是指大学生在社会生活中，面对相关的道德问题、道德现象，能够从道德的角度出发去分析思考，大学生只有具有了道德思维，才有了思考道德问题的能力，才能逐步地去接触、去思考、去实践道德问题。大学生的道德观念，通常是指大学生在社会生活中，面对相关的道德问题、道德现象，能够具有明确的评判标准，来确定相关的问题和现象是否符合道德或者违反道德，大学生只有具有了道德观念，才有了评判是非对错的标尺，才能够最终作出道德判断、指导道德实践。显然，我们不难发现，大学生的道德认知是大学生对于道德的理性认识。大学生的道德认知是大学生道德素质的重要基础，有了良好的道德认知，大学生才能够主动地、有效地提升道德水准。

2.大学生的道德情感

大学生的道德情感，是大学生对于道德问题或者道德现象的情感反应，是情感的一种形式。具体来说，大学时候的道德情感是指大学生根据自身掌握的道德行为规范对社会上的真假、美丑、善恶表现出来的喜怒哀乐、爱憎好恶的情绪情感体验。一般来说，在面对道德问题或者道德现象的时候，如果大学生具有良好的道德体验，产生了良好的道德情感，就会具有强大的道德共鸣，从而具有坚定的道德认同。相反，在面对道德问题或者道德现象的时候，如果大学生具有不良的道德体验，就有了厌恶甚至反抗的道德情感，就会对相关的道德问题或者道德现象产生排斥。由此可见，大学生的道德情感是大学生对于道德的感性认识。大学生的道德情感是大学生道德素质的重要影响因素，有了强烈的道德情感，大学生在判断道德问题的时候、在提升自身道德水平的时候，才会具有主观能动性，才会积极地参与到道德思考和道德实践中。从一定意义上来说，大学生的道德情感是大学生提升道德素质的重要动力。

3.大学生的道德意志

意志是人们为了达到既定的目的而自觉努力的心理状态。大学生的道德意志，是指大学生遵守道德规范的心理状态。不难理解，在社会生活中，当大学生遇到相关道德问题和道德现象的时候，如果出现与自身道德认知和道德情感不符的现象，大学生就要勇于克服相关因素的影响，遵守自身的行为规范，这一心理过程就体现了大学生的道德意志。对于道德意志坚定的大学生来说，可以在内心之中形成坚定的道德信念，对外体现为勇于担负道德责任，从而遵守道德规范。对于道德意志不够坚定的大学生来说，很可能违背心中的道德信念，对外体现为违背道德责任，从而形成道德失范。在现实生活中，一些大学生，面对生活的诱惑，坚定道德意志，做到岿然不动；而部分大学生，面对生活的诱惑，道德意志动摇，从而腐化堕落。大学生的道德意志是大学生道德素质的重要内容，有了坚定的道德意志，大学生才会恪守心中的道德观念，才会不屈从于外部的诱惑和压力，才能真正按照自身的道德标准去践行道德行为，才能做到知行合一。从一定意义上来说，大学生的道德一直是大学生道德素质的稳定器，在大学生道德行为中具有重要的作用。

4.大学生的道德行为

大学生的道德行为是指大学生在面对道德问题和道德现象的时候，作出的具体的行为反应。道德行为是在道德认知、情感、意志三者的指引和激励下所表现出来的具有道德意义的规范行为，良好的道德行为应是道德动机和行为方式的有机统一。可以说，大学生的道德行为是大学生道德素质的集中体现，也是大学生道德素质的显性化。通常来说，大学生具有良好的道德素质，才会具有良好的道德行为。相反，如果大学生的道德素质低下，那么则很难保持良好的道德行为。大学生的道德行为是大学生道德修养的落脚点，是评判大学生道德素质的重要依据。大学生的道德行为直接体现了大学生道德素质的高低，对于评判大学生道德素质意义重大。在考量大学生道德行为的时候，既要从大学生道德行为的出发点进行考量，也要从大学生的道德执行能力进行考量。良好的道德行为是大学生道德素质的重要体现，是大学生道德教育的目标和追求。

二、大学生道德教育要素

大学生道德教育要素是指大学生道德教育中应该具有的内容，了解大学生道德教育的要素，可以进一步明确大学生道德教育的方向。具体来说，大学生道德教育要素包括以下四个方面。

1.大学生道德教育的主体

大学生道德教育的主体主要是指实施大学生道德教育的教育者，大学生道德教育的主体对于大学生道德水平的提升具有重要的作用。一般来说，大学生道德教育主体，具有如下四类。

第一，家长。家长是大学生道德教育的重要主体。一方面，家长是大学生思想成长的领路人，对大学生的思想成长具有清晰的认识，更容易开展大学生道德教育。另一方面，由于亲情的关系，大学生对家长的道德教育具有天然的认同，这也是家长开展大学生道德教育的优势所在。此外，对于绝大多数大学生来说，家庭生活都是其生活的重要组成部分，但在大学生道德教育过程中，家长却常常被忽略。一方面，人们认为大学生已经成年，绝大部分大学生住校生活，因此家庭影响较小。另一方面，家长作为大学生道德教育的重要主体，也没有被明确。事实上，由于家长和大学生的特殊关系，家长对于大学生的影响是极其深远的，在这种情况下，家长作为大学生道德教育的重要主体的角色不应该被忽略。

第二，高校教师。高校教师是大学生道德教育的首要主体。一方面，立德树人是高校的根本任务，高校的道德教育本来就是和谐任务之一，因此，高校教师有责任、有义务开展大学生道德教育。另一方面，高校教师在开展大学生道德教育的时候具有巨大的优势，除了大学生长时间生活在高校范围内并接受高校的课程教育外，高校教师更可以通过各类课程不断开展大学生道德教育，最终形成大学生道德教育的合力。高校教师作为大学生道德教育的首要主体并不难理解，在具体的教学实践中，高校教师也确实是大学生道德教育的主要执行者。因此目前来看，高校教师作为大学生道德教育的首要主体，应该进一步提升大学生道德教育的水平，进而提升大学生道德教育的有效性。

第三，同类群体。同类群体是大学生道德教育的主体之一。研究发现，同类群体对于大学生思想成长具有重要的影响作用。因为大学生生活在同类群体中，同类群体的道德素质对于大学生的思想成长具有重要的影响作用。所以，同类群体对大学生的道德教育是潜移默化的，是在互动中开展的。由于同类群体之间相互影响、相互促进，因此同类群体可以作为大学生道德教育的主要主体。

第四，道德榜样。道德榜样是大学生道德教育的主体之一。榜样的力量是巨大的、是无穷的。很多大学生在提高道德修养的过程中，往往会有一个或几个道德榜样，并效仿道德榜样的道德品质提高道德修养。虽然道德榜样对大学生道德教育的影响是隐性的，但其作用却是不可忽视的。事实上，大学生道德教育有一个自省的过程，而道德榜样是大学生自省过程的重要的参照物。在这种情况下，如果大学生选择良好的道德榜样，这可以很大程度上提升自己的道德水平，达到见贤思齐的效果。因此，在大学生道德教育的过程中，要为大学生选择良好的道德榜样，促进大学生努力提升自身的道德素质。

2.大学生道德教育的场域

大学生道德教育的场域，主要指大学生道德教育的空间，大学这种道德的空间既包括现实空间，也包括虚拟空间。一般来说，大学生道德教育场域，具有如下三类。

第一，家庭。家庭是大学生道德教育的重要场域。家庭是大学生思想启蒙的地方，虽然在进入大学以后，绝大多数大学生选择住校就读，但不可否认的是，家庭对于大学生的思想影响依然是重大的，因此，在讨论大学生道德教育的时候，家庭场域不可忽视。对于大学生来说，家庭有着很强烈的归属感，大学生在家庭场域内，往往对道德教育的认同感很高，在这种情况下，要充分利用家庭场域对大学生进行道德教育。

第二，高校。高校是大学生道德教育的核心场域。高校本来就是立德树人的地方，对大学生进行道德教育是高校的应有之义。因此，在进行大学生道德教育的时候，要重点考虑高校这一核心场域，充分发挥高校在大学生道德教育方面的重要作用，全面深入地提升大学生的道德素质。高校要重视大学生道德教育的开展，特别要重视大学生道德教育体系化开展，全面、系统、深入地开展大学生道德教育，将不同的道德类型呈现给大学生，帮助大学生构建完善的道德体系。

第三，网络。网络也是大学生道德教育的重要场域。随着信息时代的发展，我国社会进入网络时代，传统道德受到挑战，互联网空间的道德也出现了新形态。目前来看，在绝大多数的时间里，大学生都在网络空间里交流信息，互联网空间对于大学生道德的养成有着独到的影响作用。在这种情况下，网络对大学生道德素质的影响自然不言而喻。因此，不要忽略网络空间对大学生道德素质的影响，要充分利用网络空间积极开展大学生道德教育。目前来看，高校已经开始重视到网络空间对大学生道德的影响，但在具体操作方面，很多高校并没有意识到网络空间对大学生道德影响的重要性，也没有拿出切实可行的办法来提升网络空间中大学生道德教育的水平。

3.大学生道德教育的机制

道德教育需要完善的机制，完善的教育机制可以促进大学生教育水平的提升。一般来说，大学生道德教育机制具有如下五类。

第一，领导机制。构建大学生道德体系需要有效的领导机制。构建大学生道德体系是一项系统工程，高校应该担负起构建大学生道德体系构建的领导角色，对构建大学生道德体系工作进行有效的规划，并进行合理分工，为全面深入提升大学生道德素质作出应有的贡献。与此同时，在高校内部，高校党委和思想政治教育部门也应该担负起大学生道德体系构建的领导角色，将大学生道德教育有效地开展起来。

第二，协同机制。构建大学生道德体系需要有效的协同机制。构建大学生道德体系是一项系统的工程，高校与家庭之间、家长与教师之间、教师与教师之间都应该协同合作，形成教育合力，组成大学生道德教育的网络，完善大学生自身的道德素质，提升大学生自身的道德水平。构建大学生道德体系，开展大学生道德教育，完善各方的协同机制至关重要，只有各方充分发挥其自身特点和优势，充分开展大学生道德教育，才能有效完善大学生道德体系，提升大学生道德水平。

第三，评价机制。构建大学生道德体系需要有效的评价机制。构建大学生道德体系，同样需要评价机制来厘清方向、评判效果。对于高校教师来说，可以通过其开展的大学生道德教育工作来进行评价。对于家长来说，可以通过大学生的具体表现来进行评价。评价大学生道德体系的构建，主要是为了找到大学生道德体系构建方面的不足，在大学生道德教育中加以完善和改正，促进大学生道德体系的构建，帮助大学生全面提升道德素质。

第四，激励机制。构建大学生道德体系需要有效的激励机制。构建大学生道德体系需要完善激励机制，为大学生道德体系构建工作赋予动力。对于高校教师来说，可以将大学生道德教育工作列入高校教师育人工作之中，与高校教师的评级晋升挂钩。对于家长来说，可以采用颁发证书的形式，激励家长参与到大学生道德教育活动中来。完善大学生道德体系构建的激励机制，可以让大学生道德教育的各参与主体调动主观积极性，激发参与大学生道德教育的热情，积极创新大学生道德教育的内容和方法，全面提升大学生的道德素质。

第五，保障机制。构建大学生道德体系需要有效的保障机制。构建大学生道德体系需要良好的保障。其一，构建大学生道德体系需要良好的制度保障，有了制度的支撑，构建大学生道德体系才有了工作的依据，构建大学生道德体系的工作才会顺利开展。其二，构建大学生道德体系需要充足的时间保障，高校可以划出一定的时间和学时，用于深入开展大学生道德体系构建工作。其三，构建大学生道德体系需要强大的师资保障，要提升高校教师的道德教育水平，对高校教师进行有关道德教育方面的培训。其四，构建大学生道德体系需要必要的资金保障来购买各种材料和开展实践活动。加强大学生道德体系构建的保障机制，可以保障大学生道德教育工作的顺利进行，提高大学生道德教育工作的有效性，从而全面构建大学生道德体系，提高大学生道德素质。

4.大学生道德教育的载体

道德教育载体在大学生道德教育中具有重要的作用，可以有效促进大学生道德体系的构建。一般来说，大学生道德教育载体，具有如下四类。

第一，教学载体。对于大学生道德教育来说，教学载体是首要的载体。高校教师可以通过教学载体向大学生传授道德知识，深化大学生对于道德的认知，提升大学生的道德素质水平。目前来看，高校教师开展大学生道德教育，既可以在高校思想政治理论课教学过程中完成，也可以通过课程思政在其他教学过程中完成。在利用教学载体的时候，大学生道德教育要将知识性和实践性结合在一起，既要言传，也要身教；既要让大学生明白理论方面的道理，也要让大学生有亲身体验。

第二，实践载体。对于大学生道德教育来说，实践载体是重要的载体。高校教师可以通过实践教学丰富大学生的道德情感，强化大学生的道德意识，进而深化大学生的道德认知，提升大学生的道德素质水平。在利用实践载体的时候，大学生道德教育要充分利用实践载体的沉浸式教育的特点，激发大学生的道德情感，让大学生从感性认识升华到理性认识，加强对道德内容的认同。

第三，文化载体。对于大学生道德教育来说，文化载体是主要的载体。高校和家庭可以通过文化氛围的营造，潜移默化地帮助大学生提升道德素质水平。虽然文化载体在大学生道德教育中属于隐性载体，但由于其长期性和缓效性的特点，其重要性依然不可忽视。在利用文化载体的时候，大学生道德教育要充分利用文化载体的隐性教育功能，将大学生充分置于良好的文化氛围中，在潜移默化中提高大学生的道德素质。

第四，网络载体。对于大学生道德教育来说，网络载体是必要的载体。高校可以指导大学生正确上网，充分利用网络资源来对自身进行道德教育，并在网络空间中遵守道德规范，做一个文明的上网人。在利用大学生网络载体的时候，要充分利用网络载体的特点，在传授道德知识、开展道德实践的同时，也要让大学生明白网络空间的道德特点，加强大学生网络道德的养成。

第五节　大学生道德体系的主要内容

明确当代大学生道德体系的内容，对于当代大学生道德体系的构建具有重要的意义。显然，只有明确当代大学生道德体系的内容，才能在当代大学生道德教育中有的放矢，厘清大学生道德教育的目标，精准选择大学生道德教育的素材，选择大学生道德教育的方法，最终提升大学生道德素质。具体来说，对于当代大学生道德体系的内容，主要包括大学生社会道德、大学生职业道德、大学生家庭美德和大学生个人品德四个方面。

第一，大学生社会公德。主要体现在大学生在社会生活中的道德规范，面向的是大学生在社会中的人际关系，梳理着大学生与社会的互动情况，对于大学生适应社会、帮助社会具有积极的意义。随着我国经济社会的不断发展，社会文明的不断进步，科学技术的不断飞跃，社会公德道德领域也发生了巨大的变化。其一，随着人类对于自然改造程度的深入，生态问题已经成为人类不可回避的问题，建设生态文明已经成为重要的国家战略，由此衍生出的生态道德，也已经成为现代人道德的重要组成部分。对于大学生来说，拥有良好的社会道德，可以在人类与自然的交往中保持和谐，爱护地球这个我们共同的家园，用正确的行为方式来维护我们的环境。其二，随着现代科学技术的发展，网络空间已经成为人们活动的主要空间，随之而来的，是网络空间中存在的大量的道德问题，给人们的生活、工作带来困扰，在这种情况下，建设网络道德已经成为应然之举。对于大学生来说，作为网络空间的原住民，更应该时刻保持网络空间的道德规范，加强网络道德修养，让网络空间风清气正，让每个人都能在网络空间中更好的工作和生活。

第二，大学生职业道德。主要体现在大学生在职业生活中的道德规范，是大学生道德教育的重要组成部分，面向的是大学生的职业发展，对于大学生的求职择业、职业晋升有着重要的意义，对大学生的成长成才至关重要。一方面，大学生的职业道德素质，往往包含着大学生的职业理想、职业信仰、职业目标和职业行为等内容，这些内容对于未来大学生的职业发展具有重要的引导意义，是未来大学生职业发展重要的精神要素。另一方面，很多用人单位非常重视大学生的职业道德素质，有良好的职业道德素质，大学生就会拥有较强的就业竞争力，能够在就业竞争中脱颖而出，实现顺利就业。

第三，大学生家庭美德。主要体现在大学生在家庭生活中的道德规范，面向的是大学生在家庭中的人际关系，一般由学校引导、家庭实践，对于大学生家庭和睦、家庭幸福具有重要的促进意义。家庭美德是中华优秀传统文化的一部分，也是中华美德的重要组成部分，家庭美德对于一个人的生活至关重要，对于大学生未来的家庭生活至关重要，甚至会影响到大学生未来的事业发展。因此，要高度重视大学生家庭美德素质，将家庭美德作为大学生重要的道德内容，只有这样才能为大学生未来的幸福添砖加瓦。

第四，大学生个人品德。主要体现在大学生在自我修养方面的道德规范，面向的是大学生对于国家、对于社会、对于他人的态度、看法和行为，是一个人最基本的道德修养，对于一个人的成长成才具有基础性意义。个人品德历来是中华美德非常看重的部分，也是大学生融入社会、与人交际的重要基础。高校应当高度重视大学生个人品德素质的提升，将大学生个人品德素质的提升作为大学生道德考核的重要内容。

中华传统美德是中华优秀传统文化的重要组成部分，是中华文明的瑰宝，是千百年来中华民族重要的文化遗产，同时也是每个人应当继承和发扬的道德规范。中华传统美德内容丰富、涵盖面广，涉及道德修养的方方面面，可以为当代大学生道德体系的建设提供良好的支撑。中华传统美德中，既有关于职业道德修养的内容，也有关于遵守社会公德的内容；既有家庭美德的内容，也有个人品德的内容；同时，既可以找到解决目前网络道德困境的相关元素，也可以从中体会到古人对于生态文明的理解。

第六节　大学生道德体系的构建原则

道德体系的构建原则是大学生道德体系构建的重要指导和规范。因此，构建当代大学生道德体系需要依据一定的构建原则，在一定的构建原则的指导下来构建当代大学生道德体系。具体来说，当代大学生道德体系的构建要遵循以下六个原则。

一、多样化原则

在构建当代大学生道德体系的时候要遵循多样化原则。也就是说，构建当代大学生道德体系，要将不同类型的道德内容融入其中，使当代大学生道德体系的内容更加全面、更加丰富多彩。这里需要强调的一点是，对于构建当代大学生道德体系来说，即使部分道德内容在目前来看与大学生的成长成才关系不大，但却有可能影响大学生将来的成长成才，因此不要急功近利，要将眼光放长远，将能够帮助大学生成长成才的道德内容尽收旗下。由此可见，构建大学生道德体系不应有选择地开展大学生道德教育，而是应全面、系统、深入地开展大学生道德教育，将各个类型的道德内容纳入到教育体系中，开展覆盖面广的大学生道德教育。

二、有机性原则

在构建当代大学生道德体系的时候要遵循有机性原则。也就是说，构建当代大学生道德体系，要将不同类型的道德内容进行有机整合，将不同的教学模式、教学方法、教学手段综合使用，使当代大学生道德体系的构建呈现出一体化趋势，而不是相互割裂、泾渭分明。这里需要强调的一点是，对于构建当代大学生道德体系来说，内容与教学的有机整合并不是简单的杂糅，而是互相影响、互相促进。事实上，不同类型的道德并不是孤立的，而是有着内在联系的，比如有着良好个人品德的大学生，往往也遵守社会公德，因此，不要将各个类型的道德割裂开，要在大学生道德体系构建的范畴内，将各个类型的道德有机地融合在一起，全面提升大学生的道德素质。

三、协同性原则

在构建当代大学生道德体系的时候要遵循协同性原则。也就是说，构建当代大学生道德体系，要让不同教育主体充分参与，在开展大学生道德教育的时候，让各个教育主体形成合力，共同发挥作用。这里需要强调的一点是，对于构建当代大学生道德体系来说，不同构建主体形成合力，同样要把握主要主体和辅助主体，要根据大学生的需要选择适当的教育主体，不可喧宾夺主、顾此失彼。虽然高校是大学生道德体系构建的重要主体，但不仅仅是高校才能开展大学生道德教育，在大学生道德教育的开展过程中，应该高度重视家长和朋辈的影响，利用隐性教育的作用开展大学生道德教育。

四、时代性原则

在构建当代大学生道德体系的时候要遵循时代性原则。也就是说，构建当代大学生道德体系，要结合当今时代的发展，特别是要关注当今时代道德的发展，来确定当代大学生道德体系的发展方向和调整内容。这里需要强调的一点是，对于构建当代大学生道德体系来说，突出时代性并不等于忽略传统道德的意义，而是要根据不同时代道德的发展来体现时代的道德特性。在构建大学生道德体系的时候，开展符合实战性特征的大学生道德教育，有利于大学生接受道德内容并实践道德内容，提升大学生道德教育的有效性。

五、动态性原则

在构建当代大学生道德体系的时候要遵循动态性原则。也就是说，构建当代大学生道德体系，要根据大学生的发展、社会环境的发展、教育要求的发展，不断调整当代大学生道德体系，当代大学生道德体系并不是一成不变的，而是动态调整的。这里需要强调的一点是，对于构建当代大学生道德体系来说，进行动态调整要有明确的需求和目的，不能为了调整而调整，要在动态调整的同时保持当代大学生道德体系的稳定性。大学生道德体系并不是固定的，而是开放的，因此，在开展大学生道德教育的时候，要根据时代的发展和社会的要求，不断调整大学生道德教育，完善大学生道德体系。

六、层次性原则

在构建当代大学生道德体系的时候要遵循层次性原则。也就是说，构建当代大学生道德体系要注意层次，要根据大学生的需求和认知水平，将教育工作逐步推进，达到循序渐进的效果。这里需要强调的一点是，对于构建当代大学生道德体系来说，明确的层次性要有难易之分、有轻重缓急，但不要机械地操作，将大学生道德教育当作一般的学科教育而按部就班。在构建当代大学生道德体系的时候，要遵循科学的认知规律和实践规律，以提升大学生道德认知能力和实践能力为目标，开展大学生道德教育切不可揠苗助长。

第七节　大学生道德体系的构建意义

道德体系的构建关乎大学生的成长成才，因此，对于大学生来说，构建道德体系、将大学生道德教育体系化具有重要的意义。

一、有利于整合大学生道德教育的资源

构建大学生道德体系，有利于整合大学生道德教育的资源。一方面，构建大学生道德教育体系，可以使得更多的教育主体参与到大学生道德教育中来。与其他学科教育不同的是，大学生道德教育需要更多的教育主体参与到

教育活动中来，以往仅仅由高校担任大学生道德教育的教育主体，但从实践来看，家长同样需要担任大学生道德教育的主体，同时也需要容纳更多的其他教育主体来共同完成大学生道德教育工作。另一方面，构建大学生道德教育体系，可以使得更多的教育内容容纳到大学生道德教育中来。比如，在进行大学生职业道德教育的时候，可以在大学生职业道德理论教育的基础上，加入大学生职业道德实践教育的内容，这样，企业教师就可以参与到大学生职业道德教育中来，企业工作的相关内容也可以作为大学生职业道德教育的素材。由此可见，构建道德体系、将大学生道德教育体系化，提升了大学生的道德素质，同时也使大学生道德教育迈上了新的台阶。

二、有利于发展大学生道德教育的内容

构建大学生道德体系，有利于发展大学生道德教育的内容。

第一，构建大学生道德体系可以使大学生道德教育的内容更加全面。以往大学生道德教育的内容往往缺乏系统性，要么根据大学生的现实需求进行道德教育内容的选择，要么根据教师所掌握的资料进行道德教育，很难进行大学生道德教育领域的全覆盖。构建大学生道德体系，可以实现大学生道德教育领域的全覆盖，使大学生道德教育能够全面释放教育功能、不留死角。也就是说，以构建大学生道德体系为目标开展大学生道德教育，可以利用教育体系化的特点覆盖更多的教育内容，使大学生的道德素质更加全面。

第二，构建大学生道德体系，可以使大学生道德教育的内容更加精准。以往的大学生道德教育的内容，由于缺乏宏观的计划，使得大学生道德教育的内容的选择具有很强的随机性，在这种情况下，就难以对大学生进行精准的道德教育。构建大学生道德体系，将大学生的道德教育需求放置于大学生道德体系中来考量，更容易发现大学生道德教育的不足，进而查缺补漏，加强大学生道德教育。也就是说，以构建大学生道德体系为目标开展大学生道德教育，可以利用教育体系化的特点，精准地查缺补漏，帮助大学生完善自身的道德素质。

第三，构建大学生道德体系，可以使大学生道德教育的内容更易调整。以往的大学生道德教育的内容，不会特别关注各个类型道德教育的比例，往往出现某个道德类型教育重复开展、特别类型道德教育处于空白的状态。比如，某些学校非常重视社会公德和职业道德的教育，却往往忽略生态道德和

网络道德的教育。构建大学生道德体系，便于及时调整各个类型道德教育的比例，避免大学生在道德教育方面出现营养失衡。也就是说，以构建大学生道德体系为目标，可以利用教育体系化的特点、系统化的视角开展大学生道德教育，完善大学生道德教育。

三、有利于创新大学生道德教育的形式

构建大学生道德体系，有利于创新大学生道德教育的方法。一方面，构建大学生道德体系，可以引入更多的教学方法——可以在课堂教学讲授式教学方法的基础上引入更多的教学方法，比如案例教学法、情境教学法等等，有利于教学方法的创新。另一方面，构建大学生道德体系，可以引入更多的教学技术，可以充分利用实践教学的环境、利用现代信息技术，来强化大学生道德教育的效果，有利于教学手段的创新。由此可见，构建大学生道德体系、将大学生道德教育体系化，为大学生道德教育开拓了创新改革的空间，在这种情况下，大学生道德教育变得更为开放，各种教学方法与教学技术可以充分应用到大学生道德教育领域中来。

第八节　大学生道德体系的构建困境

目前来看，大学生道德素质与大学生道德教育的现状不够乐观，也为大学生道德体系的构建带来了一定的困境。

一、大学生道德素质的问题

大学生道德素质的问题，主要有以下几个方面。

1.大学生社会公德方面的问题

大学生社会公德方面的问题，主要表现在以下几个方面：第一，大学生社会责任感较差，很多大学生在社会生活中，抱着事不关己、高高挂起的态度，对社会生活表现出冷漠的态度，既不能助人为乐，也不能见义勇为，在社会生活中置身事外。第二，大学生公共卫生意识较差，很多大学生不注意公共卫生的维护，随意丢弃杂物，不懂得爱护环境，甚至不加约束地乱涂乱画，破坏公共环境。第三，大学生公共秩序意识较差，一些大学生不注意公共秩序的维护，在公共场所大肆喧哗，甚至出现插队的现象，造成了公共秩

序的混乱，影响了正常的公共秩序。第四，大学生公共财物维护意识较差，一些大学生不懂得维护公共财物，对公共财物使用过度甚至肆意破坏，造成公共财物的损失。第五，大学生网络道德意识较差，一些大学生在现实世界里能够做到遵守道德规范，但在网络世界里却放飞了自我，出现了网络赌博、网络欺诈、网络谩骂等行为，甚至触犯了法律。第六，大学生生态道德意识较差，一些大学生习惯了城市的生活，在与大自然的接触过程中，缺乏保护大自然的意识，屡有出现破坏自然环境的现象。随着我国经济社会的发展，每个人的生活更加依赖于整个社会，在这种情况下，对于每个人的社会公德要求较高。大学生作为时代新人，理应具有较高的社会公德素质，但目前来看，大学生在社会公德方面的问题较多，社会公德素质亟须提升。

2. 大学生职业道德方面的问题

大学生职业道德方面的问题，主要体现在以下几个方面：第一，大学生在职业道德方面缺乏诚信意识。诚信是职业人生存的道德基础，很多大学生在职业生活中不注意诚信，破坏了彼此之间的信任，也破坏了生产关系。第二，大学生在职业道德方面缺乏工匠精神。很多大学生在工作中不追求精益求精，反而敷衍了事，使工作效率低下、工作质量不高，影响了职业发展。第三，大学生在职业道德方面缺乏进取精神。职业生涯是一个不断发展的过程，很多大学生在职业生活中不思进取、得过且过，没有向上的动力，不能为工作奉献青春和热情。第四，大学生在职业道德方面缺乏坚强意志。在职业发展的过程中，很多大学生难免遇到各式各样的困难，部分大学生缺乏坚强的意志，具有很强的畏难情绪，难以解决问题，也难以面对挑战。由此可见，大学生在职业道德方面也存在着诸多问题，这些问题很可能影响大学生的求职择业与职业发展，因此大学生有必要高度重视自身在职业道德方面的问题，强化自身的职业道德建设。

3. 大学生家庭美德方面的问题

大学生家庭美德方面的问题，主要体现在以下几个方面：第一，没有家庭责任感，大学生对于家庭漠不关心，很多大学生在入校以后，对家庭漠不关心，没有承担起家庭成员应尽的责任。第二，没有孝顺家长，很多大学生在孝顺家长方面做得比较差，在对父母长辈关心、呵护方面做得不够，也缺乏对父母长辈应有的尊重。第三，没有和睦亲友，很多大学生在和睦邻里与亲友的方面表现得淡漠，与邻里和亲友没有和睦的交往。第四，婚恋态度不正确，很多大学生在谈恋爱的过程中，往往不够诚信也不够尊重，缺乏认真的婚恋态度。由此可见，大学生在家庭美德方面也有所欠缺，虽然目前来看，家庭美德对于大学生的未来发展影响并不明显，但家庭美德却影响着大学生的未来幸福和社会的稳定，因此，大学生同样要重视家庭美德素质的提升。

4.大学生个人品德方面的问题

大学生个人品德方面的问题，主要体现在以下几个方面：第一，不够诚信，部分大学生在人际交往的过程中缺乏诚信，充斥着谎言与欺骗，使人际关系趋于紧张。第二，不够友善，部分大学生在人际交往过程中，缺乏友善的态度，不乐于助人，展现出苛刻和冷漠的一面。第三，过分逐利，部分大学生以自我为中心，过度追求自身利益，不惜损人利己。此外，大学生缺乏爱国主义思想，存在过度消费、赌博等恶习，也是大学生个人品质方面问题的体现，需要引起高度的重视。由此可见，大学生在个人品德方面要严格要求自己，逐渐除去存在的问题，加强个人品德修养，提升自己的个人品德素质。

二、大学生道德教育的问题

大学生道德教育的问题，主要体现在以下几个方面。

1.缺乏足够的重视

大学生道德教育不同于一般的学科教育，具有复杂性和综合性的特点。长期以来，无论是高校还是家庭，都没有给予大学生道德教育足够的重视。在学校方面，高校只把大学生道德教育依托于高校思想政治理论课来开展，没有考虑到大学生道德教育的特殊性和综合性，使得大学生道德教育的开展并不充分。在家庭方面，很多家庭认为大学生已经是成人，不需要再进行大学生道德教育，殊不知大学生正处于成长的关键阶段，其道德教育依然是重中之重。因此，对于大学生道德教育问题的不够重视，是目前大学生道德教育的首要问题。由于缺乏足够的重视，在一定程度上大学生道德教育存在形式主义，没有进行系统化的教育，也没有将教育落在实处。

2.缺乏优质的学校教育

目前来看，高校并没有提供优质的大学生道德教育。一是高校没有针对大学生道德成长的需要提供优质的教育内容，很多高校依然沿用传统的教育内容，甚至没有考虑时代的变迁。二是高校没有针对大学生道德成长的需要创新大学生道德教育的方法，依然把大学生道德教育当作学科教育来看。三是高校没有针对大学生道德成长的需要提升师资力量，使部分高校教师没有足够的能力开展好大学生道德教育。四是高校没有针对大学生道德教育的需要开展必要的实践活动，导致理论与实践相脱节，无法提升大学生道德教育的实效性。由于缺乏优质的学校教育，大学生道德教育没有得到有效的开展，大学生道德体系没有得到有效地形成，大学生的道德素质依然急切需要完善和提升。

3. 缺乏良好的文化环境

大学生道德教育需要依托于良好的文化环境。良好的文化环境可以对大学生的道德成长起到熏陶的作用。无论是高校还是家庭，并没有充分意识到文化环境对于大学生道德成长的重要性，没有营造良好的文化环境来促进大学生的道德成长。由于缺乏良好的文化环境，使得大学生没有在持续的道德氛围中接受隐形的教育，没有在潜移默化中提升自己的道德水准，在很大程度上造成大学生道德上的缺失。

4. 缺乏正向的引导

随着网络传媒的兴起，大学生有更多的机会接触到各类信息，这对大学生的道德成长起到了正向或者负向的影响。无论是高校还是家庭，如果没有对大学生道德成长做正向的引导，帮助大学生甄别来自网络等媒体的各类信息，就没有正本清源，帮助大学生健康成长。由于缺乏正向的引导，大学生受到来自互联网的各类信息的困扰。在这种情况下，大学生很容易被来自互联网的错误信息所引导，对大学生道德教育的内容产生怀疑或者困惑，从而在很大程度上消解大学生道德教育的效果。同时，由于缺乏正向的引导，也使得大学生很容易出现道德失范行为。

第二章

当代大学生道德问题的主要表现

随着经济的发展、社会的进步，以及学校对德育教育的重视，当代大学生的道德水平较以往有了一定的提高。但不可否认的是，当代大学生的道德问题依然比较突出。下面对当代大学生道德问题的主要表现给予剖析。

第一节　当代大学生道德冷漠的问题

道德冷漠是目前大学生道德问题的主要表现，在大众热议的大学生道德问题中，道德冷漠问题占据相当的比例。

一、道德冷漠的内涵

道德冷漠是一种道德缺失的表现，对于大学生的道德养成极其不利。

1.道德冷漠的含义

冷漠表现为对人或事物的不关心和无动于衷，是与热情相对的概念。可以理解为，道德冷漠是在一定的道德环境下，人们出于对自身的考虑，面对发生的道德问题或道德现象，采取不思考、不关注、不关心的态度，是一种对道德问题或者道德现象漠不关心的消极的道德心理状态。常见的道德冷漠，主要表现在当他人处于困境或者危险时，人们受内心驱动或者社会舆论影响，不能给予需要帮助的人应有的帮助，所表现出来的一种回避的消极的心理状态。近年来，关于摔倒老人扶不扶的问题屡屡冲上热搜，让道德冷漠现象成为人们关注的焦点。在这种情况下，大学生的道德冷漠现象也引起了人们的注意。

所谓大学生道德冷漠，是指在特定的道德环境中，当他人遇到困境或者危险需要大学生帮助时，大学生在意识到自己应当给予帮助的前提下，对需要帮助人表现得无动于衷，甚至回避的道德心理。显然，这种心理并不符合正常的道德心理，在意识到对象需要帮助而可以给予帮助的时候，展示出冷漠的状态，是道德行为的一种缺失。

2.道德冷漠的特征

道德冷漠是道德缺失的表现，其特征主要包括以下几个方面。

第一，缺乏敏感的道德情感。所谓道德敏感，可以理解为人们所具有的一种对道德的感知能力，具体表现为在生活中发现道德、思考道德、分析道德的能力，体现了人们对道德的认知与感知。道德敏感能解释复杂多变的社会现象，属于道德情感中的理性成分，为人的活动指明方向，并能科学预见事物的发展趋势。作为一个道德敏感的人，通常是一个懂得依据道德标准对照自己言行的人，也是一个善于反思自己行为的人。所以，道德是否敏感也经常作为衡量一个人道德是否冷漠的重要标准。不难看出，道德敏感是人的一种能力，拥有这种能力的人们可以主动地感知到他人可能处于的困境或者危险，预估可能的影响或者损失，并根据情况采取行动。当一个人的道德敏感程度不高的时候，很可能对需要关怀的人表现出淡漠的态度，少数人可能因为压力表现为逃避的态度。

第二，缺乏明晰的道德判断。所谓道德判断，通常是指在现实生活中，在一定的道德情境内，依据一定的评判标准去衡量人的行为善恶，判断人的行为是否正当，是人们道德认知的体现，也是人们道德升华的体现。不难看出，道德判断体现为人们的道德感性认识上升到了道德理性认识，开始以理性的思维去审视道德。在理性思维的引导下，人们的道德判断往往也十分明晰和明确，人们明确了道德目标，参与道德活动的热情也会提升。对于缺乏道德评判的人来说，往往缺乏评价善恶的标准，同样也不具备判断道德是非的能力，无论在思想观念还是在实际行动中，都无法有效参与道德活动。在这种情况下，一个人可能因为缺乏道德判断的能力而成为道德冷漠者。道德冷漠者在面对一定的道德问题的时候，因为无法作出正确的价值判断，无法进行有效的思考和应对，出现了两个方面的问题：一方面，道德冷漠者很可能在面对道德问题的时候，只考虑精神奖赏或者自身的利益需求，而不判断道德问题本身；另一方面，道德冷漠者很可能在面对道德问题的时候，因为无法判断道德是非，所以采取盲从的态度。如果在道德问题面前，人们只在意自身的利益得失，意识不到道德问题的重要性，逃避自身的道德责任，忽视别人的道德需求，那么整个的社会道德建设就会落入低谷。显然，对于一个缺乏道德判断的人，其道德意志也会相对薄弱，对于道德问题表现不出应有的热情，而是表现出冷漠。

第三，道德行为的不作为。道德行为是人们道德水准的具体体现，人类的道德是依靠具体的道德行为来维系的，也是根据具体的道德行为来判断的。所谓道德行为，是指人们建立在道德认识的基础上、基于道德情感以及道德意志，表现出来的具体的行为规范，是对社会以及他人所应践行的社会活动，是维系人类社会关系最基本的活动之一，也是个体融入社会的主要活动渠道。所谓道德不作为，主要是指在他人遇到困境或者危险的时候，道德冷漠者显得无动于衷，不能施以援手，没有意识到自己的道德责任，没有去履行自己应尽的道德义务，从主观上是一种道德冷漠，从客观上是一种道德逃避。比如，在现实社会中出现他人危难的时候，施以援手的人就作出了应有的道德行为，而置之不理甚至于热衷评论的人，却仅仅充当旁观者的角色，没有施以援手。

3. 道德冷漠的基本类型

道德冷漠有以下几种基本类型。

其一，无意识的道德冷漠。这是道德冷漠中常见的类型。所谓无意识的道德冷漠，主要是因为人们缺乏明确的道德认知以及道德观念，在一定的道德环境中，面临道德问题的时候表现出的冷漠的态度。当然，如果人们对道德问题了解较少，不了解道德问题的来龙去脉，也很难对道德问题进行价值判断，很难产生同情心，也可能产生道德冷漠。无意识的道德冷漠往往表明人们的是非善恶观念不强，道德修养不够，缺乏处理道德问题的能力，不能有效地面对和处理道德问题。

其二，有意识的道德冷漠。有意识的道德冷漠是指人们根据以往的认识和了解虽然具备明确的道德认知，但当他人遇到困难或者危机需要帮助时，出于自身考量，依旧选择消极的态度，或是等待，或是观望，作为一名旁观者对待道德问题，不积极参与解决道德问题。在这种情况下，这种冷漠有着主观的故意回避。和无意识的道德冷漠相比，有意识的道德冷漠有了更多的考量，有了更多的算计，说明冷漠者具有较为严重的自私心态。

其三，幸灾乐祸的道德冷漠。幸灾乐祸的道德冷漠是指在一定的道德环境中，人们面对他人遇见困境或者危险的时候，虽然明确了自己的道德责任，但首先考虑的并不是对他人施以援助，而是出于自己利益或者舆论的考虑，选择放弃对对方施以援手。而且在此基础上，道德冷漠者不但对需要帮助的人没有实施有效的援助行动，反而抱着一种优越感，用自己的言语和行动对需要帮助的人进行挖苦和嘲讽，造成了受害人舆论和心理方面的伤害，扩大了需要帮助的人的受害程度，间接地成了帮凶。

二、大学生道德冷漠的具体表现

大学生道德冷漠的具体表现，主要有以下几个方面。

1.大学生对陌生人群的道德冷漠

不难理解，每个人的精力都是有限的，每个人的同情心都不可能覆盖所有的人，大多数人只能关心身边的人，对于熟悉的人，人们的关心程度最高，特别是自己的亲朋好友，对于陌生的人大多数人不会投入更多的精力去关心，也不会给予更多的同情心。因此，对于陌生人群来说，很多人往往表现出一定程度的道德冷漠，由此可以推断，在陌生人群体中，道德冷漠发生的概率会更高。同样，大多数学生对于陌生人群也体现出了一定的冷漠态度。一方面，大学生作为受助者，对陌生人群体现出冷漠的态度，很多时候，在大学生接受陌生人的帮助后，既没有感谢，也没有感激，表现得理所应当，在这种情况下，往往使救助的人感到非常寒心；另一方面，大学生作为旁观者，同样体现出对陌生人群冷漠的态度，很多大学生对于陌生人的求助毫无同情之心，对于处在困难中需要帮助的人毫无恻隐之心，对于自己应尽的社会道德责任完全无动于衷。

2.大学生对相识同学的道德冷漠

大学阶段与高中阶段不同。在高中阶段，班级意识较强，同一班级的学生在同一个教室中读书，平时交流较多，建立起较好的熟人关系。但大学往往以专业划分班级，没有固定的座位，除了宿舍之外，与班级其他同学往往只能在上课或者班级活动中联系，这使得大学阶段的同学关系较为陌生。在这种情况下，大学生对于相识同学也表现出了一定程度的道德冷漠。目前来看，大学生对同学表现出来的道德冷漠，主要有以下几个方面的表现：其一，部分大学生会无视同学之间的微小需求，甚至不愿意做举手之劳。比如有的大学生因为忘带借阅卡向同学求借而遭到拒绝，上课因忘记带记事本向同学求助而遭到拒绝，求同学代取信件而遭到拒绝等。其二，部分大学生因为没有责任心而忽略了同学们的合理要求。比如在开展小组学习的时候，部分大学生没有责任心而耽误了整个小组的学习成绩；比如在检查寝室卫生的时候，部分大学生对自己的卫生漠不关心而影响了寝室的卫生评优；再比如在开展班级活动的时候，部分大学生自由散漫影响了班级活动的开展。其三，部分大学生因为竞争关系或者妒忌之心影响同学们的需求。比如部分大学生故意影响竞争对象的学习活动，或者部分大学生故意向辅导员老师打小报告，影响竞争对象的评级评优。

3.大学生对不熟教师的道德冷漠

大学的师生关系同样区别于高中的师生关系。高中的师生关系由于相处时间较长，有着清晰的共同奋斗目标，因此高中的师生关系较为亲密。大学的师生关系，无论是专业课教师还是公共课教师，与大学生相处的时间都较短，关系不够亲密。在这种情况下，大学生对不熟悉的教师体现出道德冷漠的现象。比如，一些年长的教师对于电子设备不熟悉，在采用新媒体教学的时候往往会不适应，一旦出现一些技术问题，会给年长的教师带来很大的困难。在这个时候，很多大学生抱着看笑话的态度，不能施以援手，对于教师的困境置若罔闻，不对教师进行任何帮助，而是以娱乐的态度旁观。在这种情况下，不懂技术的教师往往显得手足无措，在大学生面前表现得非常窘迫。

三、大学生道德冷漠的主要危害

大学生道德冷漠的主要危害有以下几个方面。

1.大学生道德冷漠会影响社会道德和谐

目前来看，大学生群体对陌生人的冷漠，在很大程度上会妨碍大学生的道德声望，进而影响整个社会的和谐氛围。比如大学生对陌生人的道德冷漠，使社会公众对大学生群体道德水平不信任，会对大学生群体产生误解，致使社会产生"唯学历论"与"道德无用论"的导向。由于大学生是未来社会建设的重要后备力量，寄托了人们巨大的希望，有着较高的社会声望，如果大学生对待陌生人的态度过于冷漠，那么会损害大学生群体的整体声望，人们也会失去对大学生的信心，转变对大学生的热切态度，从而破坏了社会的和谐氛围。

2.大学生道德冷漠会丧失人际道德信任

由于大学生的道德冷漠态度，往往会使大学生之间的人际关系变得疏离，大学生之间也会失去基本的人际道德信任。目前来看，由于大学生的道德冷漠，在大学生群体中往往呈现出以下三种状态。第一种状态，部分被拒绝的大学生对道德冷漠者给予忽略，但依旧选择相信同学之间的人际关系，当被拒绝的大学生再次遇到困境的时候，依然会向熟悉的同学求助，希望获得帮助。第二种状态，部分被拒绝的大学生在一定程度上认同道德冷漠者拒绝自己的行为，在被拒绝后心里留下一定的创伤，开始对熟悉的同学产生一定的心理隔阂，当再次遇到困难的时候，往往无法再次开口求助。第三种状态，部分大学生在遭到拒绝后，往往产生一定的应激反应，在一定程度上认同了道德冷漠者的拒绝，并开始逐渐成为道德冷漠者，在面对他人求助的时候也采取拒绝的态度。由此可见，在很多时候道德冷漠行为的影响是巨大的，一次道德冷漠行为对人际关系信任的破坏，可能需要几倍的努力才能够挽回。

3.大学生道德冷漠会破坏校园师生关系

人与人关系的融洽需要双方的共同努力。虽然高校的师生关系不如高中的师生关系那样默契，但良好的师生关系依然需要师生共同努力，实现师生关系融洽、教学相长。事实上，教学是一项师生共同配合、共同协作的活动，如果是教师的单方面付出，而大学生不能够积极参与，那么教师也很难提起教学的热情。在教师的教学活动中，往往也需要大学生的帮助和配合，在这种情况下，如果大学生表现得道德冷漠，不配合教师的工作，不给予教师应有的帮助，那么教师也难免会感到自己身处困境之中，也会感觉到师生之间的疏离感，也很难在课堂体现出教学的热情。因此，大学生道德冷漠会破坏校园师生关系，拉远师生之间的距离，让师生之间产生不必要的心理隔阂，降低教师的教学热情，使师生之间很难进行有效的互动，从而难以提高教学质量。在这种情况下，受到伤害的不仅仅是教师，还有大学生本身。

第二节　当代大学生道德知行分离的问题

目前来看，很多大学生接受了一定的道德教育，具有较清晰的道德意识、较为准确的道德判断，知道自己的道德责任。但很遗憾的是，这些大学生并没有让自己所掌握的道德内容应用于道德实践，没有在现实中去规范自己的道德行为。由此可见，了解到的内容并不等于践行道德内容，部分大学生在道德实践的知与行之间出现了一定的偏差。对于部分大学生来说，当现实利益与道德观念冲突的时候，很可能会违背自己的道德观念而选择现实利益。

一、大学生道德知行分离的内涵

实际上，道德认知和道德实践是两个截然不同的板块。道德认知主要指一个人对道德知识性的把握程度，包括一个人是否掌握道德的相关知识、是否进行道德能力的培养、是否了解相应的道德信念。道德实践主要指一个人在社会生活中基于道德知识开展对道德的践行。具体来说，道德实践是道德的实践性表达，用来解决道德问题和道德事件。通常情况下，道德践行并不仅仅受道德认知的影响，还会受到道德情感、道德信念、道德意志以及相应道德环境的影响。虽然从理论上来说，道德认知应该指导道德实践，但在具体的道德实践过程中，往往出现道德认知与道德实践不一致的情形，也就是所谓的知行分离的情形。

目前来看，在大学生的道德实践中，知行分离的现象较为明显。应该从以下两个角度去认识：一方面，大学生道德的知行分离，是指大学生在道德实践中，在具体的道德情境下，没有依据道德认知进行道德实践，在这种情况下，大学生既明白自己的道德认知，却又没有开展自己应有的道德实践，这可以看作是大学生明知故犯的行为，违背了公认的道德标准。另一方面，大学生道德的知行分离，既可以看出大学生没有更为清晰的道德认知，对道德认知的理解程度没有升华成道德信念，同时也可以理解为大学生目前尚没有进行道德实践的意识和能力。

二、当代大学生道德知行分离的表现

目前来看，大学生在道德知行分离方面表现得比较明显。当代大学生在道德实践方面的知行分离表现，主要有如下几个方面。

1. 大学生在道德实践方面的不知而行

所谓大学生在道德实践方面的不知而行，是指大学生在外力的压迫下，作出符合道德规范的行为。虽然大学生作出了符合道德规范的行为，但这种行为显然不是自觉的，也不是自愿的，具有一定的强迫性质，是为了逃避批评作出的行为。在这种情况下，大学生并没有了解道德的本质，只是将道德作为一种命令，在没有道德自觉的情况下被动地开展符合道德的相应行为。如果外在的压力消失，由于大学生并没有相应的道德自觉，那么这种符合道德规范的行为也会消失。因此，这种符合道德规范的行为缺乏足够的稳定性和持久性，更没有道德行为应有的自觉性。比如，部分大学生在校园组织的献爱心活动中虽然表现得足够积极，但并不是道德所驱使，而是为了在学校中有更好的表现，在这种情况下，一旦校园的活动结束，这些大学生就不会再自觉地开展献爱心活动，相应的符合道德的行为也就消失了。

2.大学生在道德实践方面的知而不行

所谓大学生在道德实践方面的知而不行，是指大学生具有一定的道德认知，能够了解道德的基本内涵和基本要求，也能明确基本的道德责任，但在具体的道德情境下，面对具体的道德事件，却没有符合道德要求的行为，这显然是能为而不为。大学生在道德实践方面的知而不行，主要有两种情况：第一种情况是大学生知而不愿行。在这种情况中，大学生有着明确的道德认知，但却没有强烈的道德情感，没有相应的驱动力，不愿意作出符合道德规范的行为。比如大学生虽然知道文明让座是中华传统美德，但考虑到自己的方便而不愿意将座位让给老弱病残；再比如，有的大学生知道扶起摔倒的老人是一种美德，但由于考虑到可能被讹诈的风险而不愿意去扶起摔倒的老人，从而规避相应的风险。第二种情况是大学生知而不能行。在这种情况下，虽然大学生有明确的道德认知，也有想实施道德行为的道德情感，但由于客观情况的限制，以及自身能力有限，而无法作出相应的符合道德行为。比如有的大学生知道见义勇为是我国的传统美德，也愿意帮助他人，但当遇到落水者的时候，却因为不会游泳而无能为力；比如有的大学生知道乱扔垃圾违反社会公德，但因为迟迟找不到垃圾箱，所以无奈将垃圾扔掉。

3.大学生在道德实践方面的低知高行

所谓大学生在道德实践方面的低知高行，是指大学生作出了超出其道德认知与道德能力的符合道德要求的行为。可以这样认为，大学生所作出的高尚的道德行为，已经超出了大学生本身对于道德的认知水平。通常情况下，对于这种高尚的道德行为，应当给予足够的支持和充分的肯定，但同时也要注意，大学生在道德实践方面的低知高行，可能会有一定的盲目性，造成一定的不良后果。比如，大学生乐于助人自然是高尚的品德，但如果乐于助人毫无界限，对同学的事情大包大揽、不遗余力，不仅增加了自己生活的负担，还可能让同学养成懒惰、自私的坏习惯，在这种情况下，大学生的高尚的道德行为往往没有取得良好的社会效果。

4.大学生在道德实践方面的高知低行

所谓大学生在道德实践方面的高知低行，是指大学生的认知水平较高，储备了足够多的道德知识，但大学生的践行水平却很低，在具体的道德行为上显示出少作为或不作为。与知而不行不同的是，大学生在道德实践方面的高知低行有一定的道德行为，但是这种道德行为不够稳定，并不与大学生的道德认知水平保持在同一水平线上。与不知而行不同的是，大学生在道德实践方面的高知低行是有意识地开展道德行为，在开展道德行为的过程中，大学生有着明确的道德认知，能够体会自身的道德责任和道德的社会价值。总的来说，大学生在道德实践方面的高知低行，反映出来的是大学生对于道德践行的一种倦怠态度。比如在日常生活中，一些大学生虽有着很高的道德认知，但如果缺乏一定的监督和严厉的约束，那么这些大学生就不会再践行符合道德要求的道德行为。比如，有些大学生在正规的场合显得彬彬有礼、文明礼貌，但私下里却并不注重自身的道德修养，往往思想下流、谎话连篇、满口污言秽语。

5. 大学生在道德实践方面的知行相悖

所谓大学生在道德实践方面的知行相悖，是指大学生的道德认知与其践行的道德行为是完全相反的，表现为大学生的道德认知与道德行为是说一套做一套的。不难看出，大学生在道德实践方面的知行相悖是非常极端的知行分离的形式，是典型的两面人做法。比如，常见的大学生在道德实践方面的知行相悖，宽以待己，严以待人，也就是人们常说的"双标"。这类大学生对其他人往往有着很高的道德要求和很严苛的道德评价；而对于自己，往往又表现得异常宽容，将自己的道德底线设置得非常低，对自己的道德评价非常宽松。不难看出，这类大学生往往并不注重道德价值，而是从利己主义出发，利用道德的工具为自己谋私利。需要说明的一点是，大学生在道德实践方面的知行相悖还有另外一种情况，那就是大学生虽然有着正确的道德认知，但由于道德践行能力问题或者方法问题，在道德践行中出现了不够理想的后果，出现了"好心办坏事"的情况，这种情况完全是能力问题，要与双标现象区别对待。

三、大学生道德知行分离的原因分析

大学生道德的知行分离是目前大学生常见的道德问题，目前看来，大学生道德知行分离主要有如下几点原因。

1. 学校教育因素

目前来看，高校对于大学生的道德教育，还仅仅停留在道德知识传授的方面。也就是说，高校开展的大学生道德教育，往往传授给大学生的是道德的基本概念、基本内容、基本特点、基本类型等，这些内容往往是学术性的范畴，与道德实践相去甚远。因此，高校的大学生道德教育，并没有正确引导大学生的道德实践。在这种情况下，即使大学生系统掌握了与道德相关的知识，由于没有相应的道德体验，就很难真正地将道德知识应用于道德实践。即使大学生明白了道德的价值和意义，但在具体的道德情境中，面对具体的道德事件，也很难得心应手地应用道德知识、开展道德实践。也就是说，高校的大学生道德教育并没有真正帮助大学生指导自身的道德实践、规范大学生的道德行为，也没有提升大学生的道德意志、启迪大学生的道德情感，使大学生在道德实践中产生了知行分离的现象。特别是目前大学生受各种信息的困扰，容易产生媚俗心态，从而迷失心智，不能积极主动地参与到道德实践中来。

2.社会影响因素

社会影响因素也是大学生知行分离的重要影响因素。不可否认的是，虽然大学生生活在大学校园里，但不可能与社会完全没有接触，社会上的道德风气依然会影响大学生的道德实践。目前来看，随着互联网的兴起，更多的大学生通过自媒体、通过网络了解这个世界。在这种情况下，大学校园与外界的信息沟通已经完全没有阻碍，大学生完全可以通过网络深度参与到社会中来，社会上的道德风气也比以往更方便地对大学生的道德实践产生影响。目前社会上的不良风气也会对大学生产生现实的影响。比如社会上物欲横流，拜金主义严重、享乐主义盛行，这无疑会撼动大学生对道德的认知，并重新审视自己的道德行为。再比如目前社会中的贪腐不良风气、各种投机行为，也会改变大学生对道德的认知，部分大学生受各种利益的诱惑，也会改变自己的道德行为。目前看来，社会上道德的滑坡会深刻地影响大学生的道德认知和道德实践，影响大学生在道德领域的知行合一。

3.道德特性的因素

道德特性的因素也是大学生知行分离的重要影响因素，甚至是不可忽略的因素。道德是一个人的根本素质，对于大学生来说，道德对内表现为本身的品质，对外表现为良好的道德行为。但道德作为本身的道德品质和作为良好的道德行为，并不是一对一转化。对于大学生来说，将本身的道德品质转化为良好的道德行为，需要许多适合的条件，包括特定的道德情境、能够参与的道德事件、自身的道德认知、丰富的道德情感、坚定的道德意志、丰富的践行经验。在开展道德实践的过程中，大学生要克服种种困难，排除外界各种不利因素的干扰。在这种情况下，大学生能否实现知行合一，并不仅仅是自身的意愿问题，也会涉及外在环境和转化条件的问题，如果外在环境和转化条件不足，那么大学生的道德品质就很难转化为道德行为，就会出现知行分离的现象。

第三节　当代大学生道德选择的问题

道德选择是指行为主体在一定目的和道德意识支配下，对某种道德行为所做的自觉抉择，是道德意识活动的一种重要方式，是产生道德行为的前提，又通过道德行为具体表现出来。大学生道德选择问题也是当前大学生道德问题的重要表现之一。

一、大学生道德选择困惑的现实表现

目前来看，很多大学生在道德选择的时候，出现了道德选择困惑的问题。具体来看，大学生道德选择困惑的表现主要有以下几个方面。

1.由于认知不足造成的大学生道德判断标准模糊，从而产生道德选择困惑

随着我国经济社会的发展、学校教育水平的提高，德育教育的水平也不断提高。总的来说，目前大学生的道德认知水平较高，通常情况下，对于社会基本的道德标准以及道德规范有着较为清晰的认知，绝大多数大学生能够分得清是非善恶，能够按照一定的标准，在道德选择的时候做到去恶扬善。但不可否认的是，由于大学生从小接受的教育都是讲授式的道德教育，学习的道德内容往往都是书本上的知识，是没有经过道德实践的浮于表面的道德知识，很多大学生对于道德准则以及道德规范的内涵认知缺乏深度。在这种情况下，很多大学生虽然掌握了一定的道德知识，却没有能力将掌握的道德知识转化为实际解决道德问题的能力，不能利用道德知识开展道德实践。所以在道德实践的过程中，大学生反而缺乏道德判断的标准，出现纸上谈兵的现象，不能顺畅地作出正确的道德判断和道德选择。

2.由于道德情感淡漠造成大学生社会责任感缺失，从而产生道德选择困惑

当代大学生的道德情感是由一系列情感所组成的，包括爱国主义情感、

公平正义情感、无私奉献情感、公益志愿情感等，这些情感促使大学生具有明确的社会责任，能够主动地作出道德选择，积极参与道德实践，将学习到的知识付诸行动。但就目前来看，由于学校教育过于强调道德知识的传授、家庭对于道德情感培养的缺失，使得部分大学生道德情感淡漠，对于深化道德认知、开展道德实践缺乏足够的热情。在这种情况下，由于道德情感的淡漠，大学生也很难认识到自身的社会责任感，认为很多事情与自己无关，在社会责任与个人利益的选择上显示出一定的道德困惑。

3. 由于道德意志力薄弱造成大学生道德选择缺乏稳定性，从而产生道德选择困惑

道德意志力是道德选择的稳定器，大学生有了坚定的道德意志力，就会有稳定的道德选择。相反，如果大学生意志力薄弱，那么大学生在进行道德选择的时候就会产生动摇。很多大学生由于缺乏坚定的道德意志力，当他人质疑自己道德选择的时候，或者外界条件变化的时候，大学生往往对自己的道德选择产生怀疑，出现道德选择左右摇摆的情况，造成大学生的道德选择不稳定、前后不一致。目前来看，由于当代大学生在较好的生活环境下成长，缺乏在艰苦环境中磨炼的经历，很多大学生的身心发展还不够成熟，部分大学生的意志力还不够坚定，因此在受到外界因素影响的时候，很容易出现道德选择困惑，甚至出现茫然无措的感觉。

4. 由于道德信念不坚定造成大学生价值取向迷茫，从而产生道德选择困惑

践行道德需要坚定的道德信念。如果大学生具有坚定的道德信念，就会有明确的价值取向、道德目标和道德追求，那么在进行道德选择的时候就会有明确的立场，从而作出明确的道德选择。相反，如果大学生没有坚定的道德信念，那么大学生的道德价值观也是模糊的，就没有明确的道德目标和道德追求，在进行道德选择的时候就会左右摇摆、立场不明确，从而产生道德选择的困惑。目前来看，虽然很多大学生具有正确的道德信念以及正确的价值观，但仍有相当一部分大学生缺乏正确的信念以及正确的价值观，这些大学生在道德选择的时候，缺乏明确的道德目标和道德要求，没有有力的道德选择工具，往往陷入道德选择的困境。

5. 由于道德知行脱节造成大学生存在道德践行上的困惑，从而产生道德选择困惑

知行合一对于大学生道德选择至关重要。因为只有知行合一，大学生才能有明确的道德标准，才能有与明确道德标准相匹配的规范的道德实践。如果道德知行脱节，那么大学生在道德选择的时候就会无所适从，不知道该依据道德认知来进行道德选择，还是应该根据道德行为进行道德选择。虽然我们进行的道德教育都是正面的道德教育，帮助大学生形成正面的道德认知，但受各种因素影响，在大学生群体中，也广泛存在着知行脱节的现象。在这种情况下，由于知行脱节，大学生的道德判断失去了基础依据，在道德选择的时候也会产生矛盾和困惑。

二、大学生道德选择困惑的主要原因

导致大学生道德选择困惑的原因主要有以下几个方面。

1. 多元文化的影响

随着经济社会的发展，我国社会呈现出多元文化的景象，特别是互联网的兴起，多元文化借助互联网开始传播。目前来看，大学生可以轻松地借助网络接触各类文化，在接触优秀文化的同时，也难免会接触错误的思潮和错误的价值观。在这种情况下，如果大学生受多元文化影响，特别是受错误思潮和错误价值观的影响，在思想中容易出现与主流道德相悖的观念，造成道德选择的困惑。

2. 道德修养不高

目前来看，无论是家庭道德教育还是学校道德教育，均没有系统化地开展大学生道德教育，使得大学生目前的道德修养普遍不高，在遇到道德情境的时候，缺乏足够的道德知识来指导，因此在道德选择上产生困境。由此可见，对大学生道德教育的不足，会使大学生缺乏道德实践的理论依据，在遇到道德选择的时候缺乏足够明确的方向和标准，从而不能顺利开展道德选择。

3. 践行经验不足

目前来看，大学生的道德践行经验明显不足。由于长期以来，大学生都是以学校生活为主，很少接触社会生活，道德情境较为单一。一旦出现较为复杂的道德情境，大学生由于缺乏道德践行经验，难以作出道德选择。也就是说，对于涉世未深的大学生来说，道德践行经验的缺乏，在很大程度上会影响大学生道德的选择，也会影响大学生的道德行为，从而影响大学生道德水平的提升。

第四节　当代大学生道德自律的问题

道德自律是大学生道德水平的重要标志，是大学生能够规范道德行为的重要保障，目前来看，大学生在道德自律方面存在一定的问题。

一、大学生道德自律的内涵

道德是一种行为规范，既是对个人的规范，也是对社会的规范。但与其他社会规范有所不同的是，道德更加强调自律性。

"自律"是我们耳熟能详的词汇，主要意思是人们对自身的约束。自律广泛应用于生活中，比如我们夸赞健身达人的时候，往往就用到"自律"一词。再比如有些优秀的运动员为了延长运动生命，也采用约束自己生活习惯的方法，我们也称之为自律。道德层面上的自律，往往对应着他律，是指人们能够通过自觉约束自己的道德行为，来体现自身的道德水平，是自身道德意识的主动体现。

对于道德自律，我们可以这样理解，道德自律是人们将自己所形成的道德认知主动转化为自身的道德实践。也就是说，对于道德修养较好的人来说，可以通过内心的自我约束来形成指导道德活动的道德理念，进而形成符合规范的道德行为。对于道德自律的人们来说，每个人都在判断自己的道德行为，都在审判自己的道德行为，都在践行自我道德意志，每一个道德行为都要对得起自己的道德认知，符合自己的道德理念，用通俗的话来讲，就是每个人的行为对得起自己的良心。

大学生道德自律，顾名思义，就是指大学生在道德实践中，在一定的道德环境下，在一定的道德事件中，在面临道德抉择时，能够按照自己的固有的道德认知，依据自身所形成的道德标准进行道德抉择，作出符合内心道德标准的道德行为。也就是说，大学生道德自律，是在道德领域让大学生成为自己的主人，将内化于心的道德品质外显于道德行为，让自己的道德行为对自己负责、对他人负责、对社会负责。不难看出，由于大学生的道德自律是大学生发自内心的道德行为，因此大学生的自律行为也是稳定的、持续的和长久的。

二、大学生道德自律存在的问题

虽然大学生经历了学校长期的道德教育，但不可否认的是，大学生在道德自律方面依然存在着较多的问题。目前来看，大学生在道德自律方面体现出来的问题，主要有以下几个方面。

1.在环境的压力下，大学生容易出现从众现象，不能够实践道德自律

大学生在实施道德实践的时候，要面临一定的道德环境，面对一定的道德世界，并被不同的外界因素所干扰。在这种情况下，如果环境给予大学生一定的压力，那么大学生很可能出现从众现象，不能够实践道德自律。不难理解，即使大学生有着明确的道德认知，在内心中有着明确的道德选择，但如果外界环境向大学生施加了巨大的压力，那么大学生很可能屈服压力，不能够听从内心的声音，做出违心的道德实践，改变自己的道德行为。其中，从众现象是大学生不能实现道德自律的主要原因。大学生生活在校园中，过着集体生活，如果大多数人所做的道德抉择与大学生的道德抉择不一致，那么大学生很可能顾及集体的压力，或是怀疑自身道德选择的正确性，而屈从于集体的道德抉择，改变自己原有的道德抉择，从而出现道德不够自律的现象。

2.在不同的环境中，大学生的道德行为容易出现波动现象，不能够实践道德自律

大学生的学生身份虽然是其主要角色，但是大学生的角色也并不是单一的。在生活中，大学生也扮演着诸多角色，也往往因为社会角色的转变而改变自身的行为模式，来适应不同的生活环境。所以，在不同的时间和不同的空间里，同一名大学生的行为模式并不总是一致的，在很多时候，在不同的环境下，大学生要扮演不同的角色，从而有着不同的行为模式。在这种情况下，大学生往往因为环境的不同产生道德行为的波动，使得大学生的道德行为缺乏稳定性，变得不够自律。比如，很多大学生在现实世界中和网络世界中就是两副脸孔，在现实世界中往往是谦谦君子、彬彬有礼，在网络世界中很可能是脏话连篇、胡言乱语，这种落差极大的行为波动，也是大学生道德自律问题的重要体现。

3.在一定的利益诱惑下，大学生为自己的利益推脱道德责任，不能够实践道德自律

道德既反映了一个人对自己的要求，也能调节人与人之间的关系，同时也调节社会关系。不难看出，在道德行为中，往往涉及个人的利益和他人的利益。在中国传统道德文化，往往强调个人的社会责任，主张在利他的基础上利己，这也是中华优秀传统文化的独特魅力，千百年来已经成为中国人民的广泛共识。但不可否认的是，在一定利益的诱惑下，部分大学生为了自己的利益，往往推卸道德责任，干出损人利己的事情，违背了自身对道德的认知，也打破了自身的道德标准，不能够实现道德自律。在很多时候，部分大学生推脱了应该担负的社会责任，将本应该担负的社会责任转嫁给其他人，自己则单纯获利，违背了权责相应的原则。

三、大学生道德自律问题的原因

大学生道德自律是大学生道德养成的重要内容，但目前来看，大学生道德自律弱化问题较为严重，需要引起高度重视。大学生道德自律弱化问题的原因，主要有如下几个方面。

1.大学生缺乏道德自律意识

目前来看，大学生道德自律弱化的主要原因，是大学生缺乏道德自律意识。长期以来，大学生的道德依赖于外界环境的影响和评价，对自身评价和养成要求不够，这使得大学生缺乏道德自律意识，不能够时刻保持道德警惕，严格要求自己。由于缺乏道德自律意识，大学生很难通过自我管理践行道德实践，很容易在宽松和独自相处的环境中，出现道德失范现象，影响大学生道德水平的提高。

2.大学生缺乏道德自律心理机制

大学生缺乏道德自律心理机制也是大学生道德自律弱化的一个主要原因。由于大学生缺乏道德自律的心理机制，很难通过有效的心理机制约束自身的道德行为，在思想上很难坚决贯彻道德规范，使得大学生在缺乏外界约束力的情况下很难实现自我约束。

3.大学生缺乏道德自律的执行力

大学生缺乏道德自律的执行力也是大学生道德自律弱化的一个重要原因。由于大学生缺乏道德自律的经验，在遇到特定道德环境的时候很难作出道德抉择，缺乏应有的道德执行力，使得大学生由于经验缺乏很难实现道德行为规范。

第三章

大学生社会公德教育研究

公德是道德的重要组成部分，是调节社会关系的重要准则和规范，对于整个社会的运转具有重要的作用。近年来，随着我国经济社会的发展、社会化程度的提升，公共道德问题逐渐凸显，成为我国社会面临的重要的道德问题，公共道德教育也逐渐被社会所重视。因此，加强每个人的社会公德教育，提升每个人的社会公德意识，对于提升社会整体道德水平起到重要作用。

社会公德是大学生道德体系的首要内容，是大学生需要遵守的基本规范，是融入社会的重要基础。显然，从身份来看，大学生不仅是自然人，而且是社会人，大学生每天都在社会中生活。因此，大学生具有社会公德，对于其能更好地与社会融合、更好地为社会作贡献具有重要意义。所以，不难看出，社会公德是大学生的基本素质，也是大学生成长成才的重要保障。

第一节　大学生社会公德教育的内涵研究

社会公德是大学生基础的道德素质，对于大学生道德成长具有重要的作用。因此，大学生道德体系的构建和大学生道德教育的开展，都应该将社会公德放在一个重要的位置。事实上，对于大学生来说，"社会公德"一词并不陌生，但要让大学生真正了解社会公德，深入认识大学生社会公德教育，还需要对社会公德的内涵、特点进行全面审视，并在此基础上进一步认识大学生社会公德教育。

一、大学生社会公德教育的内涵

大学生社会公德教育是向大学生普及社会公德的教育活动，是帮助大学生从学生向社会人转换的重要教育方式，是大学生社会化的关键一环。在了解大学生社会公德教育之前，首先要对社会公德有一个全面的了解。

1.社会公德的含义

社会公德是道德的重要组成部分，也是道德的基础性内容。一般来说，社会公德是指一个社会中所有成员必须遵守的行为准则，是社会成员的行为规范。通常情况下，提到社会公德就一定将其与私德相区分。

日本思想家福泽谕吉指出，"凡属于内心活动的，如笃实、纯洁、谦逊、严肃等叫做私德"，"与外界接触而表现于社交行为的，如廉耻、公平、正直、勇敢等叫作公德"。可见，福泽谕吉将公德界定为与人交往中的一种道德品质。也就是说，福泽谕吉认为，公德体现在与人交往中，在社会活动中显现出来，这也符合通常情况下人们对社会公德的认知。

20世纪初，中国近代思想家梁启超在《论公德》《论私德》中提出公德就是为大多数人的利益服务，而私德是个人自身品质的完善，即"独善其身"者是私德，"相善其群"者是公德。从梁启超的观点不难看出，梁启超将公德与公益联系起来，主要强调对大众有贡献的行为。显然，梁启超对于社会公德的看法，在很大程度上受到了中华优秀传统文化中"富则兼济天下"等观点的影响。

中国伦理学家罗国杰在《伦理学》中指出社会公德有广义和狭义两种理解。他指出："从广义上说，凡是与个人私生活中处理爱情、婚姻、家庭问题的道德，以及与个人品德、作风相对的反映阶级民族共同利益的道德，统称为公德。从狭义上说，社会公德就是人类在长期生活实践中逐渐积累起来的最简单、最起码的公共生活规则。"这里可以看出，罗国杰对于社会公德概念的界定，主要在于权利的划分上，广义的公德包含个人权益方面的道德规范以及公共利益方面的道德规范，狭义的公德只涉及公共利益方面的道德规范。显然，罗国杰的社会公德的概念界定更加清晰。

《新时代公民道德建设实施纲要》给出了社会公德的具体含义："社会公德是全体公民在社会交往和公共生活中应该遵循的行为准则，涵盖了人与人、人与社会、人与自然之间的关系。在现代社会，公共生活领域不断扩大，人们相互交往日益频繁，社会公德在维护公众利益、公共秩序，保持社会稳定方面的作用更加突出，成为公民个人道德修养和社会文明程度的重要表现。"《新时代公民道德建设实施纲要》对社会公德的定义更加清晰明了，在公共领域方面，《新时代公民道德建设实施纲要》对社会公德的定义将"人与自然"纳入其中，丰富了社会公德的内容。

一般而言，社会公德有广义和狭义之分。广义的社会公德与各阶级、民族以及社会群体密切相关，一般通过社会道德要求和国家现行的法律条文表现出来，涉及家庭、婚姻、爱情等方面的道德有时也归于社会公德范畴，是非常宽泛的道德领域。狭义的社会公德则与人们的日常生活相关，主要是指在人们日常生活中逐渐形成的、用以指导人们日常生活以及维持公共秩序的最简单、最基本的道德准则。社会公德涵盖人与人、人与社会、人与自然之间的关系，有十分丰富的内容体系。

2.社会公德的特点

社会公德是道德的基础性内容，对整个道德体系的架构具有基础性作用。一般来说，社会公德具有如下几个方面的特点。

第一，社会公德具有广泛性的特点。从适用的范围看，社会公德适用于公共场所和公共生活，因而具有广泛的适用性。从适用的人群看，从儿童到青年到老人，从普通民众到企业家到政府官员，无论什么年龄、从事何种职业，都适用于社会公德，这也说明社会公德具有广泛的适用性。从要求的方面看，社会公德涉及生活的方方面面，比如人际交往、衣食住行等，所以，社会公德依然具有广泛的适用性。一个人在学校，他就是学生；在电影院看电影时，他就是观众；在景区游览时，他是游客。无论社会角色如何改变，社会公德在人类生活中都是无处不在的。由此可见，社会公德体现了道德发生场所的公共性、道德对象的公共性、道德要求的公共性，是涉及广泛的道德内容。特别需要注意的是，虽然社会公德具有广泛性，但在具体应用的时候，一定要严格区分社会公德与私德，避免出现混淆。正是由于社会公德的广泛性，使得社会公德成为人们社会生活中不可或缺的道德规范。近些年来，社会上热点的道德问题，绝大多数与社会公德息息相关。

第二，社会公德具有基础性的特点。因为社会公德来源于生活、应用于生活，调节日常人与人、人与社会以及人与自然的关系，所以，社会公德具有基础性的价值，是基础的道德。不难发现，社会公德所涉及的道德内容非常容易理解，也非常容易实现，都是人们在日常生活中熟知的道德内容，这些道德也是人们从事社会活动的重要依据，从这一点也可以看出社会公德在道德体系中的基础性地位。因此，社会公德的内容是通俗易懂的，操作也是方便易行的，是每个人都应该认知、了解和遵守的。可以说，任何文化背景、任何行业的人，都能够很好理解社会公德，并且很容易遵守社会公德、接受社会公德。社会公德的基础性特点，造就了社会公德的基础性地位，使社会公德在道德体系中承担着重要的角色。

第三，社会公德具有继承性的特点。随着人类社会的不断进步，人类对自然、对社会的改造在不断地积累各种各样的财富，包括物质财富与精神财富，总有美好的道德品质流传下来，值得人们去继承和发扬。道德也一样，在人类对自然、对社会的改造中，道德也不断积累、不断完善，今天我们遵守的道德，是前人探索的经验积累，是继承的优秀文化。由于道德本身具有继承性，因此，从这一点来看，社会公德同样具有一定的继承性。例如，文明礼貌是全世界各个国家共同遵循的社会公德，也是我国传统道德的重要组成部分，文明礼貌的道德要求在我国古已有之，我国古代就非常讲究礼仪和礼节，被称为"礼仪之邦"。如今文明礼貌在我国依然是每个人都需要遵循的道德规范，这就是对社会公德的一种继承。事实上，在现实生活中，有许多社会公德的内容就是从传统道德中吸收过来的，有的实现了完全继承，有的在继承的基础上加以改造，同样成为现代人的社会公德。在道德继承方面，人们代代传承，良好的社会公德也因此流传下来，成为调节各类社会关系的重要规范，也成为人类社会的特色。

第四，社会公德具有时代性的特点。人类的物质文明与精神文明都是时代的产物，都与时代的发展息息相关，有着深刻的时代烙印，记录着时代的变迁，铭刻着时代的记忆。作为人类实践的重要成果，社会公德也不例外。社会公德同样是时代发展的产物，其内容也反映了所处时代人们的生活状态，表现了各个时代对人们行为的要求。因此，社会公德并非一成不变，而是随着时代的变化不断进行调整的。也就是说，伴随着时代变迁、社会经济关系的不断发展，社会形态也在发生变化，社会公德随之改变。例如，现代社会公德要求人们不要随意扔垃圾，不要随地吐痰，将垃圾扔进垃圾箱，古代并没有这样的道德要求，是因为古人缺乏相应的科学和卫生知识，那个时代也缺乏相应的基础设施。由此可见，社会公德是人们在社会公共生活中不断实践、碰撞、博弈后逐步积累下来的基本规则，规范着处于同时代人们的行为。因此，随着时代的发展，新的社会公德就会产生，旧的社会公德可能被改造或者淘汰。再比如，互联网的出现，使得网络虚拟空间与传统公共生活空间具有很大的差异，在现实空间中，道德主体是可见的，在网络空间中，道德主体是不可见的，因此，在网络虚拟空间中，社会公德需要重新尝试建立。

第五，社会公德具有差异性的特点。社会公德是在一定范围内遵守的社会规则，与所处社会环境息息相关。实际上，社会公德并非一套具有普适意义的道德准则，也不会有无限的规范范围。不同的民族、不同的国家，在很多情况下社会公德并不相同，在通常情况下，不同的民族和不同的国家之间，社会公德往往存在着一定的差异，这就是社会公德的差异性。由此可见，社会公德的差异性与文化背景、生活习惯等息息相关，不能统一要求，要区分对待。

第六，社会公德具有情境性的特点。社会公德是调节社会关系的行为规范，社会公德的发生要受一定情境的影响，也就是说，社会公德的发生与所处环境有很大的关系。社会公德的发生场所是公共场所，公共场所与个人的私人环境是有很大不同的。根据社会心理学的研究成果，一定的社会情境下，个人的心理和行为会受到这种社会环境的影响。因此，社会公德的情境性决定了人们在社会公共场合的行为是一种社会性的行为，人们个人行为选择与周围在场的其他人的行为选择有较大的相关性。比如，在只有一个人与求助者在一起的情况下，他往往会施以援手。但如果在人数较多的情况下，他往往需要对自己所处的情境进行评估，以决定自己的行为选择。所以，在讨论社会公德的时候，一定要结合所处的环境，不能将社会公德等同于冰冷的规则，而要将其看作内心意愿与行动准则的结合。

二、大学生社会公德教育的特点

根据社会公德的特点，我们结合大学生道德教育实际，可知大学生社会公德教育的特点主要体现在以下几个方面。

1.情境性

由于大学生社会公德教育所涉及的内容都是在社会现实中发生的，因此，大学生社会公德教育要基于具体的情境开展。显然，大学生社会公德教育的内容是以社会公德教育为主，这些内容通俗易懂，但却很难入脑入心、入言入行。实施大学生社会公德教育，要注重教育情境的构建，在具体的教育情境中开展大学生社会公德教育，引导大学生在不同的情境下遵守社会公德教育。比如，在大学生为老年人让座这一问题上，由于近年来争议极多，所以可以构建乘坐公交车时的情境，让大学生通过具体的情况来进行道德选择。

2.复杂性

大学生社会公德教育所涉及的内容往往涉及具体的社会公德现象，而社会公德现象中又出现了道德与法律教育的问题，所以，大学生社会公德教育所涉及的内容具有一定的复杂性。在开展大学生社会公德教育的时候，要注意社会公德问题的复杂性，区分哪些是道德问题，哪些是法律问题，将道德问题和法律问题区别对待，分清主次、厘清责任，更好地判断和处理社会公德问题。

3.丰富性

大学生社会公德教育具有丰富性的特征。因为大学生社会公德教育所涉及的是社会生活，而社会生活又是丰富多彩的，所以，大学生社会公德教育的内容也是丰富多彩的，其涵盖了日常生活中的内容。因此，在开展大学生社会公德教育的时候，要结合生活实际，尽量扩展大学生社会公德教育的内容，让大学生在更多领域具有社会公德意识，而不是仅仅限于排队、让座等日常琐事。

第二节　大学生社会公德教育的内容研究

社会公德的内容繁多，对于大学生来说，社会公德主要包含以下几个方面的内容，这些社会公德的内容也是对大学生道德素质的基本要求。

一、文明礼貌

文明礼貌是社会公德的基本要求。文明礼貌是一个人道德素质的重要体现，是人们在公共交往中言行举止的重要准则，能够反映社会的精神风貌和国家国民的道德修养。拥有良好的言谈举止和文明礼貌是一个高素质人才所具备的必要条件，也是一个社会和谐发展的必然要求。大学生与人交流要做到以礼相待、说话委婉、礼貌待人，在语言上展示出良好的精神风貌；对待他人的态度要谦虚随和、和睦可亲，给人足够的尊重；举止行为要落落大方、端庄得体、有礼有节，能够与人和睦相处。讲求良好的社交礼仪，要做到仪表端庄、文明用语、举止得体，给人以一种形象美。

二、助人为乐

助人为乐是最常见的社会公德，也是一直被人们津津乐道的社会公德内容。现实生活不是平静如水的，每个人在生活中总会遇到各种困难和挫折，不如意的事情十有八九，在他人需要帮助的时候伸出援助之手，是一种善行，也是一种美德。助人为乐是一种利他行为，在现实生活中体现为关心爱护以及帮助他人。在平时的生活中，大学生要与人为善、爱护家人、尊老爱幼、与邻里和睦相处，营造良好的社会氛围；当他人有难时，要扶贫济困，帮助其摆脱困境，传递社会正能量；当发生突发灾害时，要勇于伸出援助之手，保护他人的生命安全，尽量使集体财产免受损失，把帮助别人变成一种美德和习惯。同样，大学生要结合自身专业特点来服务社会，在实践活动中提高自己的学习和工作能力，奉献自己的一份力量，帮助他人，增强社会责任感，从而实现自身价值。助人为乐在社会公德中占据重要位置，大学生应该高度重视助人为乐的美德，并将其发扬光大。

三、爱护公物

爱护公物也是社会公德的重要体现，是基础性的社会公德。公共财物属于国家或集体所有，是为保障人们正常有序学习、工作和生活而建造的基础公共设施，是社会运行和发展的物质基础。爱护公物人人有责，爱护公物能体现一个人的责任意识和集体主义精神。大学生要自觉爱护公物，爱护和保养公共绿地、花草树木、路灯、街边健身设施，在旅游的时候，要文明观赏，不能在景区内乱写乱画，要爱护名胜古迹，不能损害文物，对于损害公物的行为要敢于斗争。爱护公物看似平淡无奇，实则非常重要，大学生恪守社会公德，做到爱护公物，会成为爱护公物的重要力量。

四、遵纪守法

遵纪守法是法治社会建设的基础，也是社会公德的重要内容。没有纪律和法律法规的约束，社会秩序将会混乱不堪。公共场合要遵守相应的法规法则，这是维护公共利益的基础保障。大学生应该自觉遵守法律法规，不违反校规校纪，不抽烟、不酗酒、不打架、不赌博，敢于同违法乱纪、破坏公共秩序的不法分子作斗争，维护良好的公共秩序。在生活中，大学生要把知法懂法的法制观念转化为实际行动，严格要求自己遵守法纪法规，在公共场合不大声喧哗、有序排队、遵守交通规则。大学生要将遵纪守法纳入社会公德中，将遵纪守法作为一种美德，尊重法律、捍卫法律，为法治社会建设贡献自己的力量。

五、健康上网

将健康上网列为社会公德的内容，是网络时代发展的必然。随着现代信息技术的发展，网络空间已经成为人们活动的重要领域，由于网络空间的虚拟性，使得其道德约束力减弱，部分道德素质不高的人在网络空间不能严格要求自己，由此也引发了一系列道德和法律的问题。大学生在使用互联网的时候，要健康上网，遵守网络空间的规则，不要因为网络空间的虚拟性而放松了对网络空间社会公德的要求。在网络空间活动的时候，大学生要像在现实空间一样遵守社会公德，保持网络空间风清气正，保持网络空间的合理秩序，为网络空间的健康有序运行贡献自己的力量。大学生应该清楚地认识到，健康上网可以规范自身的网络行为，对于净化网络空间、促进自身成长都具有重要的意义。

六、爱护环境

爱护环境也是社会公德的重要内容，对于大学生来说，也是一直以来遵守的社会公德。大自然是人类赖以生存的家园，保护自然环境，节约资源，与自然和谐相处，人类社会才能有更好的发展。目前，地球环境污染严重，大气污染、水污染、土壤污染、固体废弃物污染等严重威胁着人类的生存。大学生应该树立生态道德意识，敬畏生命，尊重大自然，对自然环境常怀感恩之心，不要随意破坏动植物的生长环境，合理开发和利用自然资源，维持生态环境的平衡。爱护环境虽然是一直以来的常识，但对于大学生来说，要将其上升到道德高度，以社会公德的名义来践行爱护环境的责任和义务。

第三节　大学生社会公德教育的价值研究

社会公德是人们参与社会生活的规范，是大学生从学生向社会人角色转换的基础。培养大学生社会公德，有利于促进大学生思想成长，也有利于构建文明和谐校园和引领社会风尚，因而具有重要的意义。

一、有利于促进大学生思想成长

开展大学生社会公德教育有利于促进大学生思想成长。大学生社会公德的培养，不仅要注重传授基本的社会公德理论知识，更要注重培养大学生的社会公德情感和社会公德行为能力。在丰富大学生社会公德知识结构的同时，要通过社会公德的规范来影响大学生的意识、思维和价值观，从而促进大学生的思想成长。不难理解，社会公德存在于社会生活的方方面面，大学生每天都会接触到社会公德的相关问题和相关现象，也就是说，社会公德离大学生非常近。因此，加强大学生社会公德的培养，不但可以在理性认识方面提高大学生的思想境界，而且可以在日常生活中潜移默化地提升大学生的思想认识水平。由此可见，开展大学生社会公德教育有利于促进大学生思想成长，提升大学生的思想境界。

二、有利于构建文明和谐校园

开展大学生社会公德教育有利于构建文明和谐校园。社会公德的重要作用在于调整人与人之间的关系、维护社会的公共秩序。事实上，校园就相当于一个小型的社会，社会公德在高校校园内依然有效，可以调节校园内人与人之间的关系、维护高校内部的公共秩序，这样有助于提升校园的文明水平，有助于营造校园的和谐氛围，有利于构建文明和谐的校园环境。显然，如果高校校园提倡文明礼貌、互帮互助，就可以减少高校校园不文明现象的发生，减少暴力事件的发生。同样，如果高校校园提倡爱护环境、爱护公物，促使大学生养成保持校园环境卫生、爱护公共物品，也会为校园环境的建设贡献巨大的力量。由此可见，开展大学生社会公德教育有利于构建文明和谐校园，有效调节校园内的各种社会关系，形成良好的校园氛围，有利于大学生在和谐的环境中快乐成长。

三、有利于引领社会风尚

开展大学生社会公德教育有利于引领社会风尚。社会公德对人们的社会生活具有一定的影响并发挥着特殊的作用，是每个社会成员都应该自觉遵守的行为准则，并与每个社会群体的切身利益息息相关。大学生作为社会建设的未来的生力军，其言谈举止和行为规范对社会风尚的引领、社会公德的传播具有一定的示范作用。不难看出，大学生具有社会公德的习惯养成，在走出校园后，才能用自己的一言一行去影响身边的人，成为社会公德的践行者和传播者。一方面，大学生应以健康向上的心态面对人生，自觉维护社会风气，树立价值标杆，推动社会主义核心价值观的培育和践行；另一方面，大学生应积极参加社会公益活动，自觉爱护社会环境，倡导人与自然的和谐相处，通过道德实践引领社会风尚。由此可见，开展大学生社会公德教育有利于引领社会风尚，让大学生作为社会公德的使者，使社会公德在更大的范围内发扬光大。

第四节　大学生社会公德教育的问题分析

大学生社会公德教育对于其成长成才至关重要。目前来看，在社会公德方面，部分大学生仍存在着一定的缺失。

一、大学生社会公德问题的表现

大学生在社会公德方面的问题，通常体现在以下几个方面。

第一，文明礼貌的缺失。部分大学生打着文明与个性的幌子，不遵守社会公德，对自己放松要求，在文明礼貌方面有着很大的缺失，这是目前大学生社会公德缺失的主要表现。例如，有的大学生在人际交往中，不尊重他人，对他人采取蔑视甚至侮辱的态度，造成了人际关系的紧张，影响了正常的人际交往，很多校园暴力事件的发生往往与此相关。有的大学生在公共活动中，以自我为中心，不能够做到尊老爱幼，甚至侵占弱势群体的权益，也被舆论所诟病，这种不礼貌的行为严重影响了大学生的形象。此外，部分大学生不遵守公共场所的秩序，在公共场所随意插队、大声喧哗，影响了公共场所的秩序，也被视为没有礼貌的行为。

第二，自私自利的表现。部分大学生在社会生活中表现得自私自利，也体现了大学生社会公德的缺失。一方面，部分大学生对于他人的困难表现冷漠，有的大学生不但不乐于助人，反而冷嘲热讽，表现出人性中冷漠的一面，缺乏基本的互帮互助的精神。另一方面，部分大学生在社会生活中，以自身利益为中心，甚至不惜侵害他人的利益，严重违反了社会公德的准则，为人们所不齿。部分大学生在社会生活中表现出来的自私自利，严重影响了自身的成长成才，也影响了大学生的健康形象。近年来，由于独生子女增加，互助意识较差，自私自利的现象在大学生群体中表现较为明显。

第三，破坏公物的行为。部分大学生不仅不爱护公物，反而为了宣泄情绪、哗众取宠而破坏公物，有些大学生对于雕塑品、建筑品进行破坏性宣泄，已经严重威胁到公物的保护。近年来，关于大学生破坏公物的消息屡见报端，这也从侧面反映了目前大学生社会公德的缺失。很多大学生并没有意识到自己是社会的一分子，没有意识到公物是社会财产，自己也有一份，反而肆无忌惮地破坏公物，破坏国家或集体共同的财产，甚至破坏部分名胜古迹。大学生破坏公物是严重的社会公德失范行为，应该给予严厉制止，必要的情况下还要对其进行处罚。

第四，违纪违法的行为。目前来看，由于道德修养不足、法治观念淡薄，部分大学生甚至走向了违法违纪的道路。部分大学生不遵守学校纪律，毫无顾忌地放纵自己，出现了喝酒、赌博、打架等现象，严重违反了学校的纪律。部分大学生目无法纪，为了宣泄情绪、获取利益，甚至走上了违法犯罪的道路。比如，查获的电信诈骗的人员中就有大学生的身影，这十分令人唏嘘。违纪违法的行为不仅有违社会公德，而且违反法律法规，不仅给社会秩序带来破坏，也必将影响个人发展。

第五，网络道德的缺失。部分大学生在网络空间不注意社会公德的遵守，认为网络空间是虚拟的，所以为所欲为，有的大学生甚至触犯了法律。还有一部分大学生，在现实世界和在网络空间完全是两副面孔，在现实世界里，他们遵纪守法，但在网络空间里，他们往往放纵自己，有的在网络空间里传播不良信息，有的参与网络赌博，有的参与网暴、对他人进行人身攻击。目前来看，网络空间已经成为大学生信息交流的重要场所，在网络空间遵守社会公德显得尤为重要。很多大学生在网络空间里放飞自我，毫无节制，谣言、P图满天飞，扰乱了网络空间的生态与秩序，有的大学生还利用网络参与违法犯罪行为，触犯了法律的红线。

第六，环境道德的缺失。部分大学生缺乏环境文明意识，缺乏环境道德修养，对环境保护缺乏最基本的认识，常常在与大自然的接触中出现破坏环境的行为。比如，有的大学生不注意环境污染，乱扔垃圾，对环境产生了负面的影响；有的大学生没有与动植物和谐相处的观念，随便折断树枝、破坏小动物的巢穴，影响了正常的生态体系。大学生环境道德的缺失，使得部分大学生不仅没有成为环境的保护者，还成为环境的破坏者，对环境造成不良的影响。

二、大学生社会公德教育的问题

大学生社会道德问题的成因来自多方面，其中大学生社会公德教育难辞其咎。大学生社会公德教育的问题有如下几个方面。

1.大学生自身方面

大学生具有探索、求知、上进的特点，但其判断是非能力与自我反思、自我调控能力较弱。虽然大学生对世界观、人生观和价值观有一定的理解，但尚不成熟。首先，大学生独立思考能力不足。大学生社会公德的形成除高校思想政治理论课教学外，大都来自日常生活中的体验认识，但大学生对社会公德的认识、判断能力还不足，对社会公德失范现象还缺乏独立判断、思考的能力，因而自身会出现社会公德缺失的问题。其次，大学生心理素质不高、从众心理强。有些大学生面对压力或遇到挫折时，不能很好地调节自己，心理上容易受到群体行为的暗示和怂恿，出现消极情绪，从而在待人处事方面出现失范行为。由此可见，大学生独立思考能力不足、心理素质不高，使得大学生对社会公德的理解出现问题，也难以将社会公德付诸实践。总的来说，大学生在社会公德方面自身修养不高是产生社会公德问题的重要原因。

2.家庭方面

家庭是孩子接受教育的首个学校，父母是孩子的第一任老师。大学生社会公德的树立与家庭教育是密不可分的，家长的观念、行为对子女的影响是潜移默化的，也是至关重要的。在这种情况下，家庭出现的问题也会影响到大学生社会公德的培养。首先，很多家长虽然对子女的未来都抱有很大期望，但存在重智力轻德育的倾向，没有帮助孩子融入社会，社会公德教育很少。其次，目前的大学生多为独生子女，部分家长对孩子溺爱，使大学生形成了以自我为中心的价值取向，阻碍了大学生社会公德的培养。最后，家长言行不一，导致社会公德教育效果不佳。父母的言谈举止潜移默化地影响着孩子，对其产生积极或消极的影响。有时家长的行为与对孩子的教育内容相反，会引起孩子的逆反心理，使其难以认同社会公德。目前来看，在很多情况下，家庭没有对大学生在社会公德教育方面起到有效影响，使大学生社会公德教育在家庭层面处于缺失状态。

3.高校方面

高校缺乏针对性和实践性的教学，也会造成大学生社会公德的缺失。首先，社会公德意识养成并能在实践中得到落实，需要有计划、有针对性地，分阶段、长期地进行。然而，应试教育下，高校对学生社会公德的培养多流于形式，学生也对社会公德内容知之甚少，常常出现各种失范现象，造成大学生公德行为养成先天不足。其次，高校师德建设不健全，个别教师社会公德素质不高。调查结果显示，对大学生思想言行和成长影响最大的因素是专业课教师，然而，有些专业课教师在帮助大学生树立正确的理想信念、监督学生道德品行中并没有尽到培养学生良好社会公德的责任。由此可见，在大多数情况下，高校由于过于重视专业教育，在智育上过多关注，反而忽略了德育的开展，特别是大学生社会公德教育的开展，使得大学生社会公德水平不够高。

4.文化环境方面

文化是道德养成的土壤，对于社会公德的培养具有熏陶作用。文化方面的影响，也是大学生社会公德缺失的一个原因。第一，社会环境的影响。社会主义市场经济多元化和文化多元化给人们的价值观念带来了巨大冲击，既让人们有了优质、便利的生活体验，也让一些人在竞争及就业压力下义利观、个人与集体意识出现偏颇。同时，受复杂的社会环境影响及各种利益驱使，一些传统的优良品德在激烈的竞争下逐渐被模糊淡化，很多大学生放弃了高尚的道德追求，价值取向逐渐向功利化、世俗化转变。第二，外来文化的冲击。改革开放后，西方文化涌入中国，有精华也有糟粕，对传统美德形成重大冲击，其中较为突出的是功利主义。功利主义使大学生心理倾向向自我利益倾斜，活动动机仅仅围绕着自身功利旋转，将外在的社会利益置于视野之外，导致大学生信奉金钱至上，而缺乏社会责任意识，置社会公德于不顾，造成公德意识淡漠。第三，网络兴起的影响。一方面，由于网络平台具有虚拟、复杂、开放、隐匿等特性，加之网络维护监管还存在一定的漏洞，使自律性不强的大学生迷恋于虚拟网络世界，与现实世界脱节，导致现实生活中人际交往的冷漠、公德意识的淡化。另一方面，随着网络平台的快速发展，人们了解信息的渠道也越来越多，而网络信息具有主观色彩，其信息存在可信度问题。大学生对这些信息缺乏甄别能力，盲目进行转发、评论，混淆了大众视听，对社会公德建设造成消极影响。由此可见，文化领域的复杂性使得文化对大学生社会公德的影响充满了不确定性，在社会公德领域没有充分、有效地发挥文化的熏陶作用，也是大学生社会公德缺失的重要原因。

第五节　大学生社会公德教育的路径拓展

培养大学生社会公德对于大学生的成长成才至关重要。实际上，大学生社会公德教育的开展需要有效的路径来推动。一般来说，大学生社会公德的培养主要有以下路径。

一、大学生社会公德培养的课程路径

课程是教育的主要渠道，对于道德教育来说，课程同样是主要的渠道。通过课程路径加强大学生社会公德教育，可以提升大学生社会公德素养，是大学生社会公德培养的主要路径。一般来说，大学生社会公德培养的课程路径主要包括以下几个方面。

1.通过高校思想政治理论课加强大学生社会公德教育

高校思想政治理论课是高校思想政治教育的主渠道和主阵地，也是大学生道德教育的主要载体，对于高校立德树人工作的开展至关重要。高校要充分发挥思想政治理论课的教育作用，加强大学生社会公德教育。

第一，要丰富高校思想政治理论课中社会公德的教学内容。目前来看，高校思想政治理论课中社会公德的内容较少，集中体现在高校思想政治理论课"思想道德与法治"课程中，篇幅也仅仅占据一节的内容。显然，仅仅通过高校思想政治理论课中的社会公德内容，无法将社会公德这一知识点讲授清晰。因此，高校思想政治理论课教师要以"思想道德与法治"课程中"社会公德"的内容为基础进行适度的拓展，在理论知识的基础上引入应用知识的内容，实现理论知识与应用知识相结合。这里需要注意的是，在引入拓展内容的时候，要尽量贴近大学生的日常生活，让大学生能够更好地理解社会公德的内涵。同时，在"思想道德与法治"课程中进行"社会公德"内容的教学时，要结合大学生的生活实际，结合大学生的实际案例，通过"以案说法"的形式，来加强大学生的社会公德认知，提升大学生的社会公德水平。

第二，要创新高校思想政治理论课中社会公德的教学方法。事实上，社会公德的内容并不难理解，对于大学生来说，社会公德学习的真正要点和难点在于实践。因此，高校思想政治理论课教师在开展大学生社会公德教育的时候，在讲授知识点的基础上，要着重开展大学生社会公德实践的教育，这

就需要高校思想政治理论课教师创新教学方法，提升大学生社会公德教育的实践性。一方面，高校思想政治理论课教师可以采用案例教学、情境教学、讨论式教学等方式，让大学生能够身临其境地感受到社会公德问题所处的环境，参与到社会公德问题的讨论中，加深大学生对社会公德内涵的理解，提升社会公德的应用能力。另一方面，高校思想政治理论课教师可以运用现代信息技术，采用图文结合、音频视频结合的方式，利用更加鲜活的素材开展教学，在提高大学生学习兴趣的同时，也能够进一步加深大学生对于社会公德的理解。在开展大学生社会公德教育的时候，要灵活运用教学方法，提升大学生社会公德教学的实效性。

2.通过高校专业课程来加强大学生社会公德教育

目前来看，随着"三全育人"理念的深入推进，在高校思想政治理论课之外，其他课程通过课程思政的方式，也加入了大学生思想政治理论教育的行列中。在这些课程中，由于专业课覆盖面广、课时多、内容灵活，因而成为高校课程思政实施的主力军。开展大学生社会公德教育，可以依托于高校专业课程来进一步加强。一方面，通过高校专业课程来加强大学生社会公德教育，可以结合专业课教学，使大学生社会公德教育更具有专业特色，能够保障大学生的专业能力得到更好的发展。例如，在医药类专业开展大学生社会公德教育，可以提升医药类专业大学生服务社会的意识，引导医药类专业大学生通过自己的专业知识服务社会。另一方面，通过高校专业课程来加强大学生社会公德教育，可以拓展大学生社会公德教育的覆盖面，使大学生社会公德教育更具有持续性，并且能够提升大学生学习社会公德的兴趣，从而强化大学生社会公德教育的效果。通过高校专业课程来加强大学生社会公德教育，要将社会公德教育融入具体的专业情境，激发大学生社会公德的培养兴趣，提升大学生社会公德的水平。

3.通过专题讲座来加强大学生社会公德教育

除了通过高校思想政治理论课以及高校专业课程来加强大学生社会公德教育以外，高校还可以通过专题讲座来加强大学生社会公德教育。由于课时的关系，大学生社会公德教育往往不能全面展开。在这种情况下，高校思想政治理论课教师可以组织大学生参加社会公德的相关讲座，来弥补课堂教学的不足。一方面，高校思想政治理论课教师可以自己组织内容，开展大学生社会公德教育的相关讲座，作为高校思想政治理论课的重要补充，进一步提升大学生社会公德素质。另一方面，有条件的高校思想政治理论课教师，也可以邀请道德教育方面的专家学者，开展关于大学生社会公德教育的专题讲座，为大学生提供优质的教育资源，帮助大学生更好地理解社会公德的内涵。目前来看，随着信息技术的发展，线上授课已经成为潮流，如果高校思想政治理论课教师认为线下教学的条件不够，可以采取线上授课的形式，开展大学生社会公德教育的相关讲座。需要说明的一点是，大学生社会公德教育不是一蹴而就的，而是需要持续开展、不断强化的，有条件的高校可以根据大学生的需求开展大学生社会公德教育讲座，不断提升大学生的社会公德水平。

二、通过社会公德实践活动加强大学生社会公德教育

实践出真知。对于大学生来说，学到的理论和习得的经验只有与实际相结合，才能真正理解知识、付诸行动，达到知行合一的效果。事实上，社会公德的形成不是观念上闭门造车的活动，也不是一蹴而就的过程，更不是简单的知识理解与升华，而是需要大学生在现实生活中不断践行，也就是说，需要大学生以生活化的道德场景为载体，在具体的生活中体验社会公德，才能对社会公德有深入的了解，才能将社会公德付诸实际。

第一，对于大学生来说，加强社会公德教育，需要向先进人物、向典型学习，发挥榜样的教育作用，让大学生见贤思齐，提升社会公德水平。高校要积极开展思想道德楷模学习活动，帮助大学生发现道德楷模身上的闪光点，使大学生能够见贤思齐，以道德楷模为榜样，提升自身的社会公德素质。同时，高校要在校园内，根据大学生的道德表现，从社会公德角度出发，推选社会公德的典型，推选的社会公德典型要具有典型性、现实性和可借鉴性，能够被大学生所认同、所学习。显然，榜样是良好社会公德的鲜活载体和生动教材，道德榜样具有价值引领作用、具有个性导向和调节作用、具有激励示范作用。在高校开展向典型人物学习实践活动，一方面可以使大学生更好地将理论与实际相结合，另一方面也可以使大学生亲身经历和感受榜样的魅力，对大学生社会公德的践行更加有利。

第二，对于大学生来说，加强社会公德教育要结合大学生个人的专业特点，开展树立时代新风、践行社会公德主题实践公益活动。在主题实践公益活动中，大学生的社会公德水平能够得以提升，专业实践水平也会有所提

升。例如，高校可以开展主题演讲、主题辩论，结合节日、纪念日等开展环保活动，让大学生亲身体验自己生活环境的绿化过程，深化大学生对爱护公物和保护环境的感性认识；开展助人志愿服务实践，温暖进社区，关爱需要帮助的人，在帮助改善他人状况中奉献自己的力量，通过成就感的体验让人与人之间的关系更和谐；开展协助交警治理不文明出行陋习，在履职过程中体验遵纪守法。特别要说明的一点是，在主题实践公益活动中，要尽可能发挥大学生的专业特长，实现专业能力与道德能力的双提升。

第三，对于大学生来说，加强社会公德教育，要鼓励大学生社会公德实践创新。积极提倡大学生自主实践，引导大学生自己选择社会公德实践项目，策划实践活动，大力倡导和激励大学生在社会公德实践中创新，鼓励大学生在实践中追求真善美。必要的时候，高校可以给予大学生相应的人力资源和物质资源支持，帮助大学生开展好社会公德实践活动。总的来说，道德是自觉的行为规范，大学生社会公德教育要充分利用大学生的自主性，引导大学生主动开展社会公德的实践，提升社会公德水平。

三、通过家庭影响加强大学生社会公德教育

家庭对于大学生的影响毋庸置疑，大学生的思想和行为在很大程度上都受到了家庭的影响。虽然大学生多数处于住校状态，但家庭的影响依然不可忽略。通过家庭影响加强大学生社会公德教育，也是促进大学生社会公德教育开展的重要动力。第一，家长要有意识地帮助大学生提升社会公德素质，在家庭生活中，家长可以结合生活中的实例，采取类似于案例教学的方式，帮助大学生更加深入地认识社会公德的内涵，在生活的细节中让大学生体会到社会公德的真谛。第二，家长要以身作则、身体力行，为大学生提升社会公德素质作出良好的示范，特别在日常行为中，家长要展示出自身的担当，给大学生作出良好的示范。大学生在家长的带动下，自然可以很容易地加入到社会公德的实践中。第三，家庭中要营造具有社会公德特质的家庭氛围，比如家庭生活要有秩序、家庭生活要更加和睦等。在家庭内部，也要具有社会公德意识，比如在领取物品的时候排队、爱护家庭的物品、保护家庭环境、做到文明礼貌等等。这些日常生活中的熏陶，会提升大学生的社会公德素质。显然，通过家庭潜移默化的影响，大学生社会公德教育会进一步推进。

四、通过环境影响加强大学生社会公德教育

环境可以对大学生造成潜移默化的影响，对大学生进行隐性教育。在现代教育的认识中，环境对教育的影响不可忽略，也可以说，环境也是重要的教育主体和教育要素。所以，加强大学生社会公德教育，一定要重视环境的影响。通过改进环境影响大学生社会公德教育，主要从以下两个方面入手。

一方面，加强校内的文化宣传，推动大学生社会公德教育。高校可以充分利用宣传栏、宣传活动对大学生进行社会公德教育，让大学生在耳濡目染中更深入地接受和思考社会公德问题。有条件的学校可以组织社会公德知识竞赛来普及社会公德的知识，夯实大学生的社会公德知识基础；高校可以组织社会公德的辩论赛，就社会公德方面的热点问题进行辩论，通过辩论引发大学生关于社会公德的思考，通过辩论来厘清观点、正本清源；高校可以设立具有纪念性质的社会公德日，通过有纪念意义、教育意义的仪式来提升大学生对社会公德的认识，集中开展大学生社会公德教育的宣传，进一步全面提升大学生社会公德素质。

另一方面，加强网络的文化宣传，推动大学生社会公德教育。互联网已经成为大学生学习、生活、工作的重要工具，是信息交流的主要渠道，要共建网络媒体良好生态，帮助大学生提升社会公德水平。倘若社会上不正当的低俗传媒作品进入校园，侵入大学生生活，大学生就会产生各种错误观念进而诱发不良行为，甚至降低社会公德水平，所以，要共同建设一个风清气正的网络平台，来为大学生提供优质的精神食粮，提升大学生社会公德水平。网络创作主体要以正确的价值观为导向，创造符合主流文化的高雅作品，监管主体要对社会公众负责、对大学生负责，加强正面宣传和管理力度，打造观众喜爱的文化艺术栏目，传播弘扬时代新风、讴歌人民群众良好精神风貌的艺术作品，宣传活动多秉持公益性原则，来强化大学生社会公德教育。

第四章

大学生生态道德教育研究

生态文明是重要的文明类型，关系到人类与自然的和谐共存，关系到人类的生存和可持续发展。随着人类社会的进步，自然环境由于人类开发而逐渐受到侵害，在这种情况下，建设生态文明、加强生态保护成为人类社会的共识，在这样的时代背景下，生态道德开始被广泛重视。大学生生态道德属于大学生社会公德范畴，但由于大学生生态道德以往并不为人所熟悉，所以目前大学生生态道德的培养还在探索过程中。

第一节　大学生生态道德教育的内涵研究

生态道德是最新被关注的道德类型，是人类社会发展到一定阶段的新的道德观念。可以这样理解生态道德：生态道德是在特定的历史条件下产生的，是为加强生态建设和保护、实现生态可持续发展而建立的道德规范，生态道德的出现是为了缓解人与自然的紧张关系，是近年来被强调的道德类型。

一、大学生生态道德教育的含义

生态道德是大学生作为现代人必备的道德素质，提升生态道德是社会发展对于大学生道德素质的必然要求。提升大学生的生态道德，就需要对大学生进行生态道德方面的教育，由此大学生生态道德教育也就提上了日程。具体来说，大学生生态道德教育是培养大学生生态道德的教育活动，也是新兴的道德教育类型。培养大学生生态道德，首先要明确大学生生态道德的内涵。

1.大学生生态道德的含义

"生态"一词最初来源于生态学，是生态学研究的内容，包括生物、与生物有关的环境及其关系，最初局限在生物与环境界限内，后来在《现代汉语词典》中将"生态"抽象定义为一切事物在自然环境条件下的生存和发展，也是指一切事物的生理特征和生活习性。时至今日，生态已经具有较广泛的意义，被认为是以实践活动为基础形成的人与人、人与自然、人与自身的关系及生存状态的总和。与"生态"相近的概念是"环境"，一般来说，"环境"是相对于中心事物而言的，是指影响人类生存和发展的天然的和人工改造的自然因素，包括陆地、海洋、水、大气、森林、矿藏、草原、生物等。"生态"的重点在于人与自然的关系，强调人与环境两者的相互作用，而环境则不存在人与自然相互影响的关系。不难看出，环境的涵盖范围较为狭窄，表述的内容趋于静态，对于人类来说，环境一般描述人类所要面临的外部条件，包括社会外部条件和自然外部条件，来说明人类生存与发展的基础性条件。生态则有所不同，生态涵盖的范围比较宽泛，表述的内容趋于动态，对人类来说，生态一般描述人与外部条件的互动关系，来实现人类与外部条件的关系优化。生态道德是人类深度开发自然过程中在生态问题爆发基础上的一种反思，既是人类社会发展的必然，也是人类社会的一个重要进步。

随着人类工业化的发展，出现了全球化的环境问题和严峻化的生态危机：空气质量急剧下降，雾霾天气增多，各地气温升高，臭氧层出现空洞；水污染严重，藻类暴发事件频出，饮用水不达标现象频繁出现，海洋受到污染致使海洋生物受到威胁；化肥、农药污染土壤，土壤疲惫不堪，营养大量流失；各种迹象表明，生态系统已经不堪重负。生态危机的出现表面上看是大自然系统内部的失衡，实际上是人与人、人与社会关系的严重失衡，因为正是人类对自然系统无节制的实践活动导致了生态危机的产生，而自然系统失衡造成的资源紧缺又会造成人与人之间关系的对抗，最终影响人类社会的发展。严峻的形势使得人们开始深刻反思生态保护的重要性，生态道德应运而生。今天的人们已经认识到，想要维持人类社会长久生存和发展，就需要将自然纳入道德关系中，重视从道德领域内处理人与自然的关系。只有这样，才能真正广泛地激发人们的生态意识，才能让每个人自觉地规范生态行为，才能有效地保护生态环境，才能让人类获得持续、良好的发展。

从今天人类社会的发展看，生态道德是道德的重要范畴，对人类的行为规范和社会发展具有深远的意义。不难看出，生态道德把过去道德所探讨的人与人的关系，拓展到了今天道德所衍生出的人与自然的关系，规定了人与生态环境的关系准则，体现了人类保护生态环境的道德要求，使人们普遍具有生态保护意识，并对人们的生态行为进行了明确的规范，捋顺了人与环境的关系。在整个道德领域，生态道德具有很强的创新性，生态道德将自然作为道德关系的主体，从道义上确立人类在与自然关系上所承担的权利和使命，提倡人和自然的平等性、兼容性、和谐性，从人与自然的关系出发，在道德层面规定了两者之间的行为准则，以及对未来生态发展的进程进行了重新定位，凸显了生态环境保护的重要性，用一系列生态道德规范来明确人们所承担的生态道德责任，在处理人与自然的关系过程中展现内化于心的生态人格。

目前来看，生态道德的概念可概括为：生态道德是指人们所应遵守自然界的生态规律及其生态规范的同时，也包括了单个自然人在人与生态关系方面的理解和情感，形成人与自然和谐共处的行为与准则。理解生态道德的概念，需要从以下四个方面入手：其一，生态道德要遵守生态规律，这是生态道德的最重要的基础，任何违背生态规律的规范都会对生态环境造成破坏，都不能称为生态道德。由于生态规律是客观的、科学的，因此生态道德也有很强的科学性和客观性。其二，生态道德要遵守生态规范，生态规范的形成是在尊重生态规律的基础上形成的，生态规范是对生态环境的保护，这个保护并不是将生态环境与人类隔绝，而是更有效、更节制地开发利用。其三，生态道德要启迪人们对于生态关系的理解和情感，也就是要启迪人们的生态意识，只有人类有了生态意识，才能热爱生态环境，才能真正去接受生态道德的规范。其四，生态道德最终要规范人与自然的行为，形成人类生态行为的规范，这个规范有助于人们与生态环境和谐共处。

大学生生态道德即大学生需要遵守的人与自然和谐共处的行为与准则。需要强调的两点是：其一，大学生自身文化素质较高，对于接受、理解生态道德较为容易，因此要对大学生的生态道德有更高的要求；其二，大学生是未来社会的建设者和接班人，是未来社会的希望，强化大学生生态道德，对于未来生态环境保护意义非凡。因此，对于新时代建设者的大学生来说，具有良好的生态道德素质，是调节人与自然关系、更好地开展各类建设工作的思想基础与行为前提。

2.大学生生态道德的特点

生态道德是大学生道德素质中重要的一环，也是大学生作为现代人的基本要求。作为当今大学生道德体系的重要组成部分，大学生生态道德具有如下特点。

第一，大学生生态道德具有跨界性。不难看出，生态道德是一种新型的道德类型，以往的道德都是调节人与人之间的关系的，但生态道德有所不同，是调节人与自然的关系的。生态道德包含的范畴是整个人类社会和自然界，通过调整人与自然的关系来间接地调整人与人的关系。生态道德拓展了传统意义上道德的领域，打破了传统道德在概念体系和范围上的局限性，更新了传统道德的功能结构。在当今国际环境下，生态道德素质的高低越来越能反映一个国家的整体文明水平，对我国来说，生态道德是支撑着我国生态文明建设的道德基础，为我国建设生态强国提供稳定牢固的社会心理基础。正因为生态道德的跨界性，使得大学生在理解生态道德的时候，要脱离传统道德观念的范畴，从生态系统的角度去看待生态道德，从日常生活的点点滴滴中去感受生态道德，才能更生动、更形象地认识生态道德，才能更好地提升生态道德水平。

第二，大学生生态道德具有普适性。大学生生态道德广泛适用于人与自然的关系，是目前生态建设重要的道德基础，可以说，在涉及生态文明建设的活动中，都需要生态道德进行人与自然关系的调节。同时，生态保护是一项长期的工作，大学生生态道德也并不是昙花一现，需要长期保持下去，也可以说，大学生生态道德与其他道德一样，应该持久地坚持，应该发扬光大。目前来看，生态文明已经成为我国社会主义现代化建设的重点内容，在我国现代化建设的各项工作中，都要注重生态文明的建设，将生态文明建设作为重中之重。

第三，大学生生态道德具有强制性。与其他类型的道德相比，大学生生态道德更具有强制性。因为大学生生态道德调整的是人与自然的关系，其调整的对象有一部分是公共资源。因此，如果大学生违反了生态道德的内容，很可能不仅仅局限于道德层面，也会涉及触犯相关的法律法规。因此，不难看出，大学生生态道德既有道德的自律性，也具有一定的法律强制性。所以，在开展大学生生态道德培养的过程中，不但要从道德层面对大学生进行思想教育和行为规范，还要从法律角度进一步约束大学生的生态行为。

二、大学生生态道德教育的特点

大学生生态道德教育是面向大学生开展的生态教育活动，具有鲜明的特点。一般来说，大学生生态道德教育的特点，主要有以下几个方面。

1.大学生生态道德教育具有实践性的特点

与其他大学生道德教育相比，大学生生态道德教育有着很强的实践性。因为大学生生态道德教育，是基于生态建设、生态保护的，因此，只有基于生态环境和生态事件，才能更形象地开展教育。也就是说，在开展大学生生态道德教育的时候，不要将大学生生态道德教育局限于理论教学，要将大学生生态道德教育融入社会实践，在社会实践中开展大学生生态道德教育，让大学生体验生态道德的真谛，从而启发大学生的生态意识，进一步规范大学生的生态行为，提升大学生的生态自觉。

2.大学生生态道德教育具有协同性的特点

开展大学生生态道德教育，往往要与生态管理部门合作来获取教学资源。因此，在开展大学生生态道德教育的时候，要积极寻求合作，发挥协同育人的优势，借助于校外的教育资源开展教育活动。也就是说，大学生生态道德教育的开展，仅仅依靠课堂教学资源是远远不够的，纸上谈兵的教学方法更是难以满足大学生生态道德教育的要求。高校应该积极寻求合作，获取更为丰富的生态道德教育资源，与生态管理部门一起，开展大学生生态道德教育。例如，高校可以与自然保护区管理部门一起，将自然保护区作为大学生生态道德教育的实践教学基地，在了解自然保护区的生态保护工作后，提升大学生的生态道德水平。

3.大学生生态道德教育具有科学性的特点

开展大学生生态道德教育，不仅要有道德方面的知识，还要有与生态环境相关的科学知识，因为仅仅具有道德知识是很难实现正确的道德行为的。因此，在进行大学生生态道德教育的时候，还要科普生态学科知识。毫无疑问，生态发展有其自身的生态规律，只有按照科学规律来保护生态环境，才能取得事半功倍的效果，如果不尊重科学规律，那么即使再努力，也可能事倍功半。因此，在开展大学生生态道德教育的时候，要提升大学生的生态知识储备，才能正确引导大学生有效保护生态环境。

第二节　大学生生态道德教育的内容研究

目前来看，开展大学生生态道德教育已经势在必行，在这种情况下，了解大学生生态道德教育的基本内容就显得非常重要。大学生生态道德教育的构成内容主要包括大学生生态道德理念、大学生生态道德规范以及大学生生态道德行为这三个方面。

一、大学生生态道德理念

生态道德理念包括生态道德观念、生态道德情感、生态道德意志以及生态道德信念，指导着生态道德行为。大学生生态道德理念主要包括以下两个方面，即生态平等理念和生态责任理念。其一，生态平等理念。生态平等理念的本质是人与自然的关系是平等的，现在的人与他们的后代以及他们可以享用的生存和发展的权利也是平等的，生态平等理念要求尊重一切生命、尊重自然，保证生态环境的可持续发展。从生态平等理念中，我们可以知晓两个准则：一是生态是持续发展的，不仅要惠及当下，也要惠及未来，不仅要促进当下的发展，更要兼顾未来的发展，不能为了现在的利益而透支未来的利益；二是在生态系统中，每个生态要素都是值得尊重的，都不是被用来牺牲的，因此，在生态系统中，人类并不是高高在上的，而是参与其中的。其二，生态责任理念。人类本身是自然界的产物，人类的生存和发展与生态环境的存在和发展息息相关。同时生态危机的爆发主要是人类的责任，人类应该为生态环境的问题负全部的责任。因此，人类有责任去保护生态环境。对于大学生来说，也应该树立责任意识，将保护生态环境作为自己的重要责任来看待，时刻关注生态环境保护，践行生态环境保护。

二、大学生生态道德规范

生态道德规范是人们受到规范伦理学的影响，以已知的生态道德行为作为评判的标准，在生态道德的实践活动中逐步领略生态道德规范的生成及其存在的价值，并形成了在思想、观念和行动上必须遵守的一切生态道德行为规范和准则的总和。从广义方面可以分为尊重自然、珍惜自然以及保护自然三个方面，从狭义上可以分为生态道德的自我规范和生态道德的约束规范两个方面。大学生生态道德规范要紧扣尊重自然、珍惜自然以及保护自然三个方面。在尊重自然方面，大学生要尊重自然中的生命存在，尊重自然中的固有元素，用平等的眼光去看待生态系统中的每一个元素，将自身融入生态系统中，作为生态系统的一分子。在珍惜自然方面，大学生要珍惜各类自然资源，不过度利用和开发，正所谓"不涸泽而渔，不焚林而猎"，珍惜生态系统中的矿物资源、水资源、植物资源、动物资源，保障人类社会的可持续发展。在保护自然方面，大学生要学习保护自然的知识，除了爱护自然，还要用自己的聪明才智，为保护自然尽力。

三、大学生生态道德品质

生态道德品质是在坚持人与自然是平等的前提下，能自觉地遵守保护生态环境的生态道德规范和生态行为准则，并积极主动地履行对生态环境的责任与义务，在平时的生活和社会实践中养成良好的生态道德行为。生态道德品质主要指的是绿色的消费行为、绿色的生活习惯以及生态道德行为。大学生生态道德品质应该基于自身的生活实际，有针对性地贯彻生态理念，修养生态道德。在绿色消费行为方面，大学生应该时时刻刻注重消费的低碳性，特别是注意垃圾分类，禁止将电池等高污染物随意丢弃，污染生态环境。在绿色生活习惯方面，大学生应该时刻节约资源，不铺张浪费，提升各种材料、燃料的利用率，为生态环境保护作出自己的贡献。在生态道德行为方面，不乱砍滥伐，不狩猎野生动物，不在野外随意丢弃垃圾，不过度开发资源，保护生态环境。

第三节 大学生生态道德教育的价值研究

大学生生态道德教育是大学生道德教育的重要组成部分，具有重要的现实意义。目前来看，大学生生态道德教育有如下几个方面的价值。

一、良好社会风尚形成的前提基础

大学生生态道德是良好社会风尚形成的前提，是实现人与自然良性互动的关键教育。良好的社会风尚是维护社会秩序的前提，其中大学生是维护良好社会风尚的中坚力量，潜移默化地影响着社会秩序，良好的社会风尚是生态文明建设的风向标。大学生具有良好的生态道德，有助于生态文明建设，形成重视生态的良好的社会风尚。一方面，大学生具有良好的生态道德，可以很好地引导社会舆论。大学生处在社会舆论的前沿，很多流行的观点和想法都是源自于大学生群体，可见大学生群体对于社会舆论的号召力是巨大的，大学生具有良好的生态道德，可以通过言行引导社会舆论，在社会范围内营造重视生态文明建设的良好氛围，从生态建设的大局观出发，呼吁尊重自然和保护自然，努力构建风清气正的舆论环境。另一方面，大学生具有良好的生态道德，可以积极地投入生态文明建设的实践中。大学生生态道德行为准则是大学生尊重自然、保护自然的标准规范。大学生具有良好的生态道德，在生态实践活动中恪守生态道德行为准则，并给予他人积极影响，成为生态文明建设的后备储蓄力量。由此可见，可以以大学生生态道德教育为切入点，使大学生成为传播生态道德的重要使者，在大学生的推动下，形成整个社会遵守生态道德的良好社会风尚，助力生态文明建设。

二、提高自身综合素质的迫切需要

大学生生态道德作为生态文明的伦理基础，属于道德的范畴，大学生生态道德水平的高低是衡量一个国家、一个民族文明程度的重要标志，也是衡量一个人综合素质的重要尺度。生态道德是大学生的道德要求和必备的自身素养，是大学生更好地服务于祖国生态文明建设的强烈需求。其一，有利于大学生明辨生态善恶。正确的生态善恶意识观，是在大学生生态道德的自我养成和自我认知中不断发展成熟的。所谓生态善就是指大学生用现实力量促进人与自然和谐发展，促进生态系统平衡，善待大自然。生态善恶观是大学生所必备的生态道德素养之一，有利于大学生对生态文明建设行为进行价值判断。其二，有利于大学生形成生态良知观。所谓生态良知，即道德主体对人与自然关系的情感和体验等系列心理活动的一种透射和反映，或者说是道德主体从生态意义与生态价值上对人作用于自然的行为进行的判断和评价。大学生生态道德教育在于培养大学生对自身道德行为作出理性判断和评价，反省自身思想和行为存在的不足，规范自己的生态道德实践，从而在内心深处敬畏自然，实现自身生态价值。未来的社会，要求全面发展的人才，作为未来社会的建设者和接班人，要能够与生态环境和谐相处，合理、有效开发自然环境，保护人类赖以生存的家园。在这种情况下，大学生要具有生态道德、发扬生态道德，自觉保护生态环境，在生活、工作中贯彻生态道德，成为生态环境保护的重要力量。

三、建设和谐美丽中国的客观要求

建设和谐美丽中国是生态文明建设的基本要求，也是社会主义现代化建设的基本要求之一。建设和谐美丽中国，不仅需要有效的政策，更需要高素质的建设者，需要人民大众具有正确的生态道德。其一，尊重自然是大学生建设和谐美丽中国的题中之义。尊重自然是大学生生态道德认知和大学生生态道德情感的体现，对自然创造和存在有清晰的认识，怀有报恩之情，有利于大学生形成人对自然要秉承的科学态度。在处理人与自然的关系上，大学生以和谐美丽中国建设为出发点，尊重壮丽山河的一草一木，以切实行动回报自然，科学辩证地看待生态发展问题，从而提高大学生的辩证思维能力。尊重自然不是一朝一夕的事情，需要大学生持之以恒，在学习、生活和工作中处处体现尊重自然，处处留心保护自然，处处贯彻建设和谐美丽中国的建设目标。其二，顺应自然是大学生建设和谐美丽中国的重点原则。顺应自然是大学生生态道德意志力的重要表现，是顺应自然界发展的客观规律，按客观实事去办事。大学生是生态价值观的传播者，在网络中引领顺应自然客观规律的舆论导向。在现实社会实践中，运用所学知识以实际行动赋予大自然活力，树立了良好的道德形象。顺其自然表现了对自然的尊重，也表现了科学对待自然的态度，大学生要学习关于保护自然的知识，用科学的态度实施对自然的保护，唯有这样才能有效保护自然环境、建设生态文明。其三，保护自然是大学生建设和谐美丽中国应承担的重要责任，践行"绿水青山就是金山银山"的生态文明理念，是保护、呵护自然的思想前提。大学生要懂得感恩自然，承担相应的生态建设的责任和义务，发挥自身主观能动性，维护人与自然之间形成的生命共同体，顺应美丽中国建设发展的客观要求。建设和谐美丽中国，大学生应该学会保护自然，将保护自然作为需要履行的责任，显然，没有良好的自然环境，建设和谐美丽中国也就无从谈起，大学生要保护自然，不仅要从自身做起，而且还要督促他人保护自然，多做有利于自然环境的公益活动，为保护自然贡献一份力量。

第四节　大学生生态道德教育的问题分析

目前来看，大学生的生态知识储备较以往有了明显的进步，但在生态道德方面依然存在着一些问题。可以说，大学生的生态道德水平普遍不高，同时大学生生态道德教育不足的问题也逐渐凸显。

一、大学生生态道德存在的问题

目前来看，大学生的生态道德存在着一定的缺失，影响着大学生参与生态建设的效果。

1.大学生生态道德缺失的表现

大学生生态道德缺失的表现，主要集中在以下两个方面：一方面，大学生缺乏生态保护意识。很多大学生的头脑中完全没有生态保护的概念，自然也就没有生态保护的思维和生态保护的方法，也很难采取生态保护的行动。在这种情况下，大学生的生态文明素质自然不高。另一方面，大学生屡屡出现破坏生态的行为，近年来在大众媒体之中，常常可以看到一些大学生因为缺乏生态保护意识，或者基于个人利益，或者基于情绪发泄，屡屡破坏生态环境的行为，这也从行为方面反映了大学生生态道德缺失的问题。不难看出，在思想层面，很多大学生还没有达到生态保护的要求，没有形成良好的生态道德观念，没有主动地去保护自然，对自己的生态行为也没有足够的自觉约束。此外，对于大学生破坏生态的行为，也没有有效的约束机制，这使得大学生破坏生态的行为屡屡发生，少数大学生甚至在破坏生态方面造成了严重后果，从而触犯了法律。

2.大学生生态道德缺失的原因

大学生生态道德缺失的原因，主要有以下两个方面：一方面，在传统的道德观念中，并不包括生态道德的内容，因此，由于道德思维的惯性，很多大学生在思维习惯上并没有将生态道德划入自身道德修养的范畴中，造成了生态道德的缺失。从这点也可以看出，在大学生道德体系构建中，更新道德内容是十分必要的。另一方面，在高校思想政治理论课教学中，关于生态道德的教育很少，大多数是关于生态政策的教育，这也使得高校生态道德教育也存在着一定的不足，从而造成了大学生生态道德的缺失。实际上，这与大学生生态道德的定位有关，生态教育在高校思想政治理论课教育中属于政策教育，生态道德属于道德教育，目前在高校思想政治理论课教学中，生态道德教育处于缺位状态，这也是大学生生态道德教育缺乏的现状。

二、大学生生态道德教育存在的问题

目前来看，高校在大学生生态道德教育方面也存在着一定的问题。

1.高校、家庭、社会各方重视不够

目前来看，高校、家庭、社会各方对于大学生生态道德的教育重视程度不够。以高校为例，目前绝大多数高校在谈及道德教育问题的时候，很少将生态道德教育划入道德教育的范畴中来。同样，在家庭生活中，人们更倾向

于将道德问题归结于社会公德或者是家庭美德，很少谈及生态道德。同样，在目前的社会层面，无论是热点话题还是社会宣传，都很少涉及生态道德的问题。由于高校、家庭、社会各方重视不够，使得大学生生态道德教育处于"三不管"的状态，在这种情况下，几乎没有明确的教育主体来实施大学生生态道德教育，这也使得大学生生态道德教育的开展一直不够有效。

2.教育素材匮乏

目前来看，高校并没有专门针对生态道德教育的课程内容。关于生态文明的内容，一般体现在高校思想政治理论课教学中，比如在"马克思主义基本原理""毛泽东思想和中国特色社会主义理论体系概论""习近平新时代中国特色社会主义思想概论""思想道德与法治""形势与政策"等课程中，都可见生态文明的内容。但高校思想政治理论课所涉及的生态文明的内容，往往涉及的是国家的宏观政策，而不是微观的个人道德修养。因此，教育素材的缺乏也影响了大学生生态文明教育的开展。此外，高校所处地域一般为城市，在生态保护方面也缺乏可以实践的区域，这使得大学生生态道德教育的开展往往不得不纸上谈兵。另外，由于我国城镇化的发展，大学生接触自然的机会变少，在生活体验上也很少有生态行为的体验。

3.师资力量不足

目前来看，从高校思想政治理论课教师角度，对生态道德的认识也十分有限，因而很难将生态道德作为高校思想政治理论课的重要内容来展开。同时，由于专业课教师对于生态道德认知也十分有限，因而也很难在课程思政中纳入生态道德的内容。因而，对于大学生生态道德教育来说，师资力量不足也成为制约大学生生态道德教育的重要因素，成了大学生生态教育开展的"卡脖子"的问题。显然，在开展大学生生态道德教育的过程中，高校教师自身能力问题也限制了大学生生态道德教育的开展，很多高校教师自身的生态道德修养不够，自然也无法承担开展大学生生态道德教育的任务。

第五节　大学生生态道德培养的路径拓展

目前，对于大学生生态道德培养来说，家庭和社会很难担负起培养大学生生态道德的任务。因此，就目前来看，高校应当担负起大学生生态道德培养的主要任务。培养大学生生态道德，高校要从以下几个方面入手。

一、加强教师培训

加强大学生生态道德教育，首先要能够强化大学生生态教育的师资力量。高校要加强师资培训，提升高校思想政治理论课教师以及专业课教师的生态道德水平，使其能够开展大学生生态道德教育。对高校教师进行生态道德教育的培训，要让师资队伍吸收全新的生态科学知识，提升教师生态道德教育学识水平，促使其综合素质得以全方位提升。具体来说，有如下两个方面：一方面，高校应当协同配合生态环保机构开展生态道德教育培训，生态环保机构工作者大都具备较高的生态道德理论知识水平，给教师讲解环境保护与生态道德理论知识，促使教师们对现阶段生态环境保护发展情况与趋势有所了解。另一方面，各高校联合开展教师生态道德教育培训，教师之间互相借鉴学习，综合教育资源。为了便于学校安排教师在生态考察中精准获得生态理论相关的知识，帮助那些未曾出差考察过的教师了解出行考察的目的与学习内容，可以邀请那些有生态考察经验的教师到学校来给在校教师上课。按照现阶段的生态文明建设和人才培养目标，高校应该在教师培训体系中增加更多的课程知识，比如生态哲学、生态伦理学等，提升教师多学科渗透式教育的水平，并且作出对应评价预估，让系统化学习后的教师能深化生态道德认知，在后期教学实践过程中能够把生态道德知识内化成高水平教育和科研能力。显然，高校教师是开展大学生生态道德教育的关键所在，因此，高校要想方设法提升高校教师的生态道德水平，使高校教师在生态道德方面有"一桶水"，才会给大学生"一杯水"，促进大学生生态道德教育的开展。

二、完善教学资源

加强大学生生态道德教育，关键要能够完善大学生生态教育的教学资源。其一，加强大学生生态道德教育，可以在高校思想政治理论课中，针对生态文明的内容进行一定的扩充，加入大学生生态道德教育的内容，同时也可以在专业课的课程思政中，纳入大学生生态道德教育的内容。在这种情况下，思政课程与课程思政协同育人，形成合力，提升大学生的生态道德水平。其二，可以开设大学生生态道德教育的选修课，集中开展大学生生态道德教育，也可以根据情况开设大学生生态道德教育讲座，以讲座的形式普及大学生生态道德的内容。在这种情况下，可以集中一个生态问题，将生态问题的内容讲清讲透，有助于提升大学生的生态道德水平。其三，可以建设大学生生态教育的网络资源，鼓励大学生通过网络资源进行自学，通过自主学习，提升自身的生态道德水平。特别需要说明的是，网络资源可以通过视频的形式开展，更加生动、活泼，有利于大学生接受。

三、丰富教学形式

加强大学生生态道德教育，重点要能够丰富大学生生态教育的教学形式。由于大学生生态道德教育与生态文明息息相关，因此从大学生生态道德教育的特点来看，并不完全适合于课堂教学，所以，高校教师应该积极探索大学生生态道德教育的教育新形式，提升大学生生态道德教育的实效性。其一，对于大学生生态道德教育来说，可以加大实践教学的比重，在实践教学活动中，帮助大学生更加深刻地认识到生态道德的重要性，理解生态道德的内涵。比如，高校可以组织大学生去大自然进行调研，了解大自然的生态体，同时也要了解生态保护的重要性，只有这样，大学生才能够感同身受，才能够结合感性认识和理性认识，有效地形成生态道德。其二，对于大学生生态道德教育来说，可以加大网络教学的比重，一是利用鲜活的网络教学资源开展教学，以形象化的教学资源来开展大学生生态道德教育；二是通过网络直播的形式进行教学，让学生具有身临其境之感，可以提升大学生的学习兴趣，进而提升大学生生态道德教育的效果。总之，要让大学生真实地体验到生态道德的重要性，才能自觉提高生态道德修养，不断提升生态道德水平。

第五章

大学生网络道德教育研究

网络道德是近年来人们热议的道德类型，也是在信息时代非常重要的道德类型。不论是官方、民间以及学术界，都广泛认识到了网络道德的重要性，并将网络道德的普及和推广作为重要的道德建设内容。从广义上看，网络道德同样属于社会公德的范畴。但由于网络道德依托于现代信息技术，是在与现实世界平行的虚拟空间中遵守的道德行为规范，因此有其特殊性，这使得目前对于网络道德的认知与教育仍处于探索之中。

第一节　大学生网络道德教育的内涵研究

网络道德的形成与现代科技的发展密不可分，也就是说，没有现代科技的发展就没有网络道德。随着现代信息技术的发展，互联网技术逐渐普及，网络空间逐渐成为人们进行信息交换的主要场所，网络平台逐渐成为人们开展各项活动的基础空间。同时，由于互联网功能的丰富，人们在网络空间中可以完成的活动越来越多，人们对互联网的依赖也越来越强。在这种情况下，网络空间中出现的人际交往问题越来越多，人们在网络空间的行为需要规范，网络道德应运而生。

一、大学生网络道德教育的含义

大学生群体是使用网络的重要群体，由于大学生群体从小接触网络，是所谓的网络"原住民"，对于网络的依赖性更强。毫不夸张地说，在当今时代，大学生在网络空间完成的活动甚至要比在现实空间完成的活动还要多。在这种情况下，拥有良好的网络道德，对于大学生开展各项网络活动、规范网络行为具有重要的作用。大学生网络道德教育，顾名思义是面向大学生开展的针对网络道德的教育活动。大学生网络道德是目前大学生道德体系构建中重要的一环，也是大学生道德教育的重要内容，对于大学生学习生活和成长成才至关重要。在了解大学生网络道德之前，首先要了解网络道德的含义。

1.网络道德的含义

网络道德的产生与现代网络技术的发展息息相关。现代网络技术发展为人们提供了可以交流、活动的网络空间，在这种情况下，如何规范网络空间行为，成为人们考虑的问题，网络道德也就应运而生。也就是说，随着网络技术的迭代发展，社会环境在科技的带动下发生变化，人类的活动范围持续扩展，人际关系不断复杂，人们价值观念也受到深远的影响，在这种情况下，网络道德随之产生，并深刻影响人们的生活。

目前来看，人们对于网络道德在以下几点上基本达成了共识。其一，网络道德与现实道德的主体一致，主体都是现实的人。即便网络空间交流与活动的主体是虚拟的，但虚拟主体的背后依然有现实的人。这就决定着网络空间的网络道德的主体依然是现实世界中的人。所以从某种意义上来说，网络道德与现实道德具有一定的映射性。其二，网络道德与现实道德的本质一致，网络道德产生于具有社会属性的网络空间，现实道德产生于现实社会，本质都是调节社会秩序的方式，具有非权力规范作用，强调以善恶作为评价准则，对人们的行为进行规范。网络空间中的网络道德同样具有非强制性的特征，同样具有明确的善恶评价标准，同样给网络空间中的人们提供行为的规范和指南。其三，网络道德与现实道德的功能一致，网络道德以是非善恶作为评价标准，在虚拟的空间中借助于网络舆论对于网民行为进行规范，借助于网民的信仰来规范自身的行为，是全体社会公众在网络中必须遵循的行为规范和道德准则的总和，其主要功能是通过在互联网上制定一定的道德标准和道德规范，实现调节网民在网络生活中的网络失序的作用。也就是说，在网络空间中，网络道德规范着人们的行为，调节着网络空间交流与活动的秩序，使网络中各项活动能够顺畅进行。

由上可知，网络道德是伴随着网络空间而产生的新的道德类型，网络道德以现实道德为条件基础，借鉴现实道德的评价标准，以网络虚拟空间为实践领域。

网络道德是以现实社会道德为条件，基于网络信息技术发展而产生在网络空间的新道德，通过网络舆论以及信仰信念来调节网络空间中的各类关系，是网络空间中行为规范的基本标准，可以完善人们在网络空间中角色的道德品质，营造和谐稳定的网络空间氛围，维护网络空间的基本秩序。不难理解，网络道德与互联网的发展相伴而生，是维护网络空间正常秩序所催生出来的道德规范，是网络空间中人们所扮演角色的道德品质、行为规范的总和，与现实中的网络用户息息相关。

深入认识网络道德，可以从以下几个方面入手：第一，网络道德以现实社会道德为条件，没有超出现实道德的范围，依然以现实道德为基础，只不过是将现实道德应用于网络空间。第二，网络道德是网络空间的新道德，因为网络空间虚拟化、传播化等特征，使得网络空间的道德与现实社会的道德具有较大的差异，在这种情况下，要赋予网络道德新的内容，才能够更加有效、更加准确地调整网络空间的人际关系、规范网络空间的各种行为。第三，网络道德有着明确的善恶评价标准。正是由于有着明确的善恶评价标准，网络道德才为人们在网络空间的各项活动提供了参考和指南，为各种行动提供了依据。第四，网络道德通过舆论以及人们内心的信念来规范自身的行为，调节人与人之间的关系，这一点与现实社会的道德有相似之处，但需要说明的一点是，网络空间的信息传播更快、舆论压力更强，因此网络道德的建设中要重视网络舆论的力量。

2.网络道德的特点

网络道德是存在于网络空间的道德，与现实社会道德的使用场地不同。所以，在应用网络道德的时候，需要关注网络道德的独有特点。

第一，网络道德的多样化。网络道德的多样性是网络空间多样性的具体反映，是网络空间多样性在道德领域的体现。首先，与现实空间有所不同的是，网络道德的表现形式要借助于网络空间的载体，比如网络空间的道德评价，并非现实空间的文本和语言，而是通过一系列网络信息符号来实现的，包括文字信息、图片信息和视频信息等。其次，网络道德在内容方面出现足够的多样性，网络道德的基础是现实世界的道德，因此，网络空间的内容包含着现实空间的内容，同时也包含着网络空间自身发展出来的道德标准，比如网络知识产权、网络空间安全等。此外，由于网络空间具有虚拟性的特征，人们在网络空间是采用自己的虚拟身份，即虚拟角色来进行网络活动的，因此对于人们空间的活动约束较低，很多人在网络空间也显示出不同的道德素质，使得网络空间显示出人格多元化的趋势。由此可见，在审视网络道德的时候，不但要重视网络道德的表现方式，区分网络道德表现方式与现实社会道德表现方式的不同，还要注意网络道德中新的道德内容，才能更好地把握网络道德。

第二，网络道德的开放性。在网络空间中，网民来自五湖四海，甚至不同国家、不同民族、不同种族的网民也可以在同一平台上交流。在网络平台中，由于信息方便快捷的特征，使得网络平台中的网民在信息交流方面更加顺畅，在观念方面也呈现出碰撞与融合的特征，这与传统社会是截然不同的。在传统社会中，由于交通和信息的限制，人们会因为空间与时间的差异而造成信息沟通的限制，在这种情况下，人们在信息上属于封闭的状态，人与人之间不能进行顺畅的交流，因此各地在道德观念以及道德行为上均有较大的差异。但随着网络的发展，网络空间以信息传播快捷的优势，将不同的人群集中在网络平台进行顺畅交流。世界各地的人均可以交流自己的道德观念，展示自己的道德行为，无形间促进了道德的理解，也形成了更为开放的网络道德。可以这样认为，现在的网络道德逐渐失去了鲜明的地域特征，而具有了更为鲜明的融合性、开放性的特征。由此可见，网络道德的开放是与现实社会道德最大的差异，由于网络空间的信息传播极快、普及面极广，因此不同的道德观念在网络空间里不断冲突和融合，不同的道德行为在网络空间里不断冲突和模仿，这使得原本稳定的道德结构受到了极大的挑战。因此，在审视网络道德的时候，一定要高度重视网络道德的开放性，将网络道德的开放性作为重要的道德研究内容。

第三，网络道德的离散性。网络信息本身就有离散性的特征，网络信息的离散性，是因为网络信息的海量性，使得主流信息在信息总体的比例中下降，失去了原有的影响力。对于网络道德来说，由于各类道德在网络空间均存在，使得主流道德失去了原有的影响力，各类道德在网络空间呈现出一定的割据现象。在这种情况下，网络道德的离散性会对网民产生深远的影响。一方面，网络道德的离散性消弭了主流道德的影响，使人们在网络空间中产生了道德的迷茫，一些信仰不坚定、意志不坚定的网民很可能失去方向感，被错误的信息所误导。另一方面，网络道德的离散性特征会影响网民的道德认知，形成道德区域，使网络空间的道德网格化，具有相同道德认知的人们会会聚在一起，互相认同，形成一定区域内的主要道德。由此可见，对于网络空间来说，我们要注意两点新的特征：一方面，在网络空间里，主流道德的影响力被削弱，主流道德的观点和其他的观点几乎处于平等的位置，在这种情况下，主流道德的影响力很难被凸显，很难在网络空间产生作用。另一方面，在网络空间里，由于地域限制条件被打破、信息交换的充分性，更容易出现"物以类聚，人以群分"的现象，在这种情况下，有着相同特点的人群聚集在一起，可能重新定义道德规范，产生具有一定群体特点的"道德"，这些小型的道德聚集在一起，增加了网络空间道德的复杂性。

第四，网络道德的自律性。网络空间具有虚拟化的特征，人们在网络空间的活动也是以虚拟的角色开展。在这种情况下，建立于传统熟人社会的道德在网络空间里，开始逐渐失去了应有的效力。他律在网络空间无疑是苍白的。因此，对于网络空间来说，其网络道德更多地依靠网民内心的自律，这种自律并非来自环境的压力，而是来自网民内心的道德认知，是网民内心对道德行为的约束，是维护自身网络形象的一种表现，也是建设网络空间的一种精神。自律性是网络道德重要的特征，是网络道德的重要标志。换言之，网络空间的身份通常意义上是虚拟的，即使网络空间的身份是实名的，那么在交流的过程中也是通过通信工具来进行的，而不是面对面交流，同样具有虚拟的特征，因此，总的来说，网络空间的交流总是虚拟的。在这种情况下，网络道德的建设就非常依赖于网民的自律性。在现实社会中，由于具体情境的限制，使得人们按照固有的社会规则办事，在一定程度上可以遵守道德规范。但是在虚拟空间中，缺乏了"熟人社会"的监督，人们的道德行为更多是基于自律。因此，对于网络道德来说，践行难度增大，对自律性要求较高，这是以往现实社会道德践行所没有遇到过的。

二、大学生网络道德教育的特点

大学生网络道德对于大学生在网络空间中的活动具有重要的价值，是大学生道德行为规范的重要组成部分。大学生网络教育是针对大学生网络道德开展的教育活动，对于大学生网络道德的形成具有重要的意义。目前来看，对于大学生网络道德教育来说，具有如下的特点。

1.大学生网络道德教育具有对象虚拟性的特点

对于大学生网络道德教育来说，由于规范的是大学生在网络空间里的虚拟角色，因此具有教育对象虚拟性的特点。一般情况下，高校道德教育的教育对象是现实中的大学生。但在大学生网络教育中，其教育对象成为现实大学生在网络空间里的角色，在很多情况下，网络空间里的角色与现实中的大学生并不具有一致性，因此，大学生网络道德教育具有对象虚拟性的特点，这是大学生网络道德教育区别于一般道德教育的地方。由此可见，在开展大学生网络道德教育的时候，一定要注意教育对象的虚拟性，在对大学生进行网络道德教育的基础上，还要分析大学生在网络空间中的虚拟角色，并基于虚拟角色，规范大学生的网络行为。只有这样才能帮助大学生将现实社会道德的学习内容，应用在网络空间中，形成真正意义上的网络道德。

2.大学生网络道德教育具有问题复杂性的特点

对于大学生网络道德教育来说，由于网络空间里会有各种各样的问题出现，这使得在教育过程中会面临着复杂的问题。比如，在现实世界里，大学生道德教育所面临的问题都是校园中发生的问题。但在网络空间里，大学生网络道德教育所面临的问题，很可能是来自社会上的问题，甚至是来自于境外的问题。

3.大学生网络道德教育具有内容动态化的特点

对于大学生网络道德教育来说，由于网络思潮变化很快，网络的价值观也有许多不确定的因素，这使得大学生的网络道德要比现实中的道德具有更快的更新迭代，表现为并不稳定。要根据网络空间里道德规范的发展，进行网络道德教育内容的调整，这也使得大学生网络教育的内容具有动态化的特点。由于网络技术的发展，网络空间形态结构变化较快，各种新型的应用软件应运而生，各种新型的信息层出不穷。因此，和现实社会道德相比，网络道德更容易出现新的内容，在这种情况下，大学生网络道德教育要关注网络道德动态化的特点，不断调整大学生网络道德教育的内容，使之能够与网络空间的道德发展相匹配，能够做到大学生网络道德教育的与时俱进。

4.大学生网络道德教育具有教育技术化的特点

对于大学生网络道德教育来说，其涉及的领域是网络虚拟空间，这也使得在开展大学生网络道德教育的时候，要涉及网络技术的应用，这使得大学生网络教育具有教育技术化的特点。因此，对于开展大学生网络道德教育的教师来说，不但要有大学生道德教育的知识和经验，还需要掌握一定的网络技术。所以，开展大学生网络道德教育并不能局限于简单的说教，更不能局限于简单的知识内容，一定要结合网络空间的实例、网络空间的技术应用来开展。由此可见，对于部分高校教师来说，开展大学生网络道德教育，要求其有着更高的媒介素养，这无疑对很多高校教师是一种挑战。

第二节 大学生网络道德教育的内容研究

大学生网络道德教育的内容是大学生保障道德教育开展的关键。根据目前的探索和实践，大学生网络道德教育的内容，通常涉及以下几个方面。

一、大学生网络道德规范教育

开展大学生网络道德教育需要加强大学生网络道德规范教育。一般来说，大学生网络道德规范教育有如下几点：第一，坚守网络道德底线。大学生应该坚持"明礼""秉善""持重"的底线，运用"底线思维"约束自己的行为，明确在网络中什么行为坚决不能做。只有坚持网络道德底线，大学生才不会出现严重的网络道德滑坡，也不会触犯相应的法律。第二，明确网络行为准则。网络空间是对现实世界的扩展和延伸，大学生应将现实社会中"己所不欲，勿施于人""己欲立而立人，己欲达而达人"等道德监督和伦理约束引入网络空间，学会换位思考，自觉反思自身的网络行为是否会给他人带来影响与伤害，因此，大学生要非常清楚网络行为准则，明白网络空间不是法外之地，也不是可以肆意妄为的地方，要在网络行为准则的指导下规范自己的行为。第三，承担清朗网络的义务。大学生除了要对自己的行为负责，还要明确自身所肩负的净化网络生态环境的义务，将"不尽责就是为恶"的理念根植于心，时刻警醒自己切勿成为"网络看客"，增强网络正义感。每一个人都是网络的监督员，大学生有义务来净化网络空间，规范其他人的网络行为，使网络空间形成良好的道德生态。

二、大学生网络安全意识教育

开展大学生网络道德教育需要加强大学生网络安全意识教育。首先，提升判断网络是非的技能。大学生涉世未深，信息甄别能力、判断力水平较低，极其容易卷入网络错误价值观和负面社会思潮的引诱陷阱中。因此，要提高大学生判断是非、明辨善恶的甄别技能，使大学生自觉屏蔽和删除错误信息，识别正当的网址和链接，从源头上规避网络安全事件的产生。提升判断网络是非的技能对于大学生网络道德的提升至关重要，大学生应该树立正确的价值观，以正确的价值观为判断依据来判断网络中的行为。其次，提高个人安全防护意识。在社交网站、购物软件、娱乐网址中，注意个人身份、住址等隐私信息的保护，警惕网络诈骗，避免随便与网友线下见面，提高个人安全意识。大学生应该认识到网络的危险性，在使用网络的同时，提高防范意识，做到安全上网、安全用网。最后，坚决制止危害国家安全和网络安全的行为。在面对敌对势力通过网络散布危害国家安全的言论，企图引起网络社会的恐慌时，大学生要勇于运用主流正能量言论进行坚决反击。每一名大学生都是未来的建设者和接班人，对于维护网络意识形态安全负有责任和义务，因此，每一名大学生都应该是网络信息安全卫士，与危害祖国、危害社会的不良信息作斗争。

三、大学生网络文明礼仪教育

开展大学生网络道德教育需要加强大学生网络文明礼仪教育。对于个人而言，文明礼仪是网民个人道德素质、内在涵养的外在表现；对于社会而言，文明礼仪是网络社会风气、道德风尚的具体反映。网络文明礼仪包括语言礼仪和交往礼仪。语言礼仪是指人们在网络交流互动中运用的问候、沟通的友善表达。交往礼仪就是在网络社会交往中遵循诚信、不伤害原则，对他人给予诚信相待。要提高大学生网络道德诚信意识，培养诚信道德的实践能力，避免一些大学生出现散布网络虚假消息、利用网络虚假身份欺骗他人等道德失范行为。加强大学生网络文明礼仪教育，可以进一步提升大学生的网络文明素质，规范大学生在网络空间中的行为，提升大学生网络道德水准，同时也提升大学生在网络空间的形象，对于大学生的成长成才至关重要。

四、大学生网络法治意识教育

开展大学生网络道德教育需要加强大学生网络法治意识教育。法律是成文的道德，道德是内心的法律。法律与道德虽然不等同，但是二者在内容上相互渗透、相互包含，在方式上相辅相成、互为补充。第一，加强大学生网络法治意识教育。加强大学生网络法治意识教育既是提高运用法律保护自身意识的重要手段，又是防范网络犯罪行为的有效途径。第二，树立网络法治价值观。网络法治价值观有利于大学生摆脱非理性网络行为，从而重新回到德性的正轨中，使大学生能够在和谐美好的网络社会氛围中表达自己的主观价值。在开展大学生网络道德教育的时候，要结合大学生网络法律教育，将道德教育和法律教育相结合，进一步提升大学生的法律意识，在提升法律知识的基础上丰富道德知识，从而强化大学生网络道德建设。

第三节　大学生网络道德教育的价值研究

网络空间是目前大学生主要的活动空间，网络道德对于大学生成长成才至关重要。因此，大学生网络道德教育是重要的教育内容。大学生网络道德教育的价值主要体现在如下几个方面。

一、推进网络文明建设

大学生网络道德教育具有推进网络文明建设的作用。推进网络文明建设，大学生网络道德的建设是非常关键的环节，也可以说是必由之路。其一，通过大学生网络道德教育，可以在大学生群体中明确网络道德的标准，让大学生网络道德行为有合理的标准参照，增强大学生对网络空间的道德认知，强化大学生的网络道德实践能力，进而加强大学生的网络道德责任意识，规范大学生的网络道德行为，促进大学生网络自律人格的养成，从根本上提升网络空间的文明程度。其二，由于互联网连接各国，加强了国与国之间的交流与联系，大学生是上网的主要群体，加强大学生网络道德教育，可以规范大学生的网络行为，展示我国新时代青年的形象，进而展示我国的大国形象，在网络空间中让世界看到一个现代化的中国形象。由此可见，通过大学生网络道德教育，可以提升大学生的网络道德水准，净化互联网空间的环境，维护互联网空间的生态。同样，通过大学生网络道德教育，可以提升大学生在网络空间中的行为表现，展现新时代中国青年的新形象，更好地促进国际化交流。

二、维护意识形态安全

大学生网络道德教育具有维护意识形态安全的作用。首先，大学生网络道德教育有利于提高网络文化交流中的防范意识。加强大学生网络道德教育，能够给予大学生一个明确的道德标准，在网络空间中坚定立场，有意识地明辨信息真伪，对错误的信息进行甄别，有利于抵御西方的错误思潮，也有利于纠正错误价值观。其次，大学生网络道德教育可以提升大学生维护我国网络意识形态安全的社会责任感。加强大学生网络道德教育，让大学生认识到保卫网络空间、维护网络安全人人有责，在这种情况下，大学生就会怀着社会责任感，处理网络空间的各种信息，以主流意识形态引领网络文化。最后，大学生网络道德教育有利于增强大学生保护网络意识形态的决心。加强大学生网络道德教育，能够让大学生明大德，将爱国主义情感融入道德修养中，在网络战线为维护意识形态安全贡献自己的力量。不难看出，通过大学生网络道德教育，可以鉴定大学生的网络道德底线，提升大学生自身的免疫力，有助于大学生对抗各种错误思潮，坚定大学生的政治立场，强化大学生的主流意识形态，让大学生作为网络的坚定捍卫者，维护网络意识形态安全。

三、利于塑造时代新人

大学生网络道德教育具有利于塑造时代新人的作用。大学生网络道德教育可以强化大学生道德信念，塑造道德品格，规范道德行为。通过大学生网络道德教育，大学生敢于同各种不道德行为作斗争，敢于批判，坚守道德立场，担当弘扬道德文化的重任。同时，通过大学生网络道德教育，大学生能够形成正确的道德判断，规范道德行为，加强道德实践，在虚拟的网络世界确保不迷失。通过大学生网络道德教育，可以全面规范大学生在网络空间的道德行为，使大学生在网络时代能够坚定正确的价值观、规范自身在网络空间的言行，成为网络时代具有责任感和道德感的人。

第四节　大学生网络道德教育的问题分析

随着互联网技术的推广，互联网生活的普及，对于大学生网络道德教育，很多高校已逐步重视，并付诸教育实践。目前来看，显然大学生网络道德情况并不乐观，大学生网络教育的开展也存在一定的问题。

一、大学生网络道德问题的表现

随着信息技术的发展和网络的普及，大学生的网络生活越来越丰富，随之而来的，也出现了一些网络道德问题。

第一，实施网络暴力。网络暴力是指利用网络空间的虚拟身份，对其他人采用言语暴力的行为。在道德范畴内，网民实施网络暴力往往是站在制高点上，不需要弄清楚事实，就开始发表针对其他人的攻击言论，而且很多攻击言论具有侮辱谩骂的内容，很可能给其他人造成严重的心理伤害，是一种很严重的网络道德问题。大学生涉世未深，又不易控制情绪，在面对网络空间中一些热点事件的时候，很容易被一些谣言或者错误的价值观带偏，在没弄清楚事件真相的同时，出于道德情感而产生了偏向性和从众性，对网络道德事件中的一些人造成了网络暴力。网络暴力是常见的网络道德失范现象，也是目前网络空间重要的道德问题，严重的网络暴力还涉及法律问题。由于大学生是网络空间主要群体之一，因此，大学生也是接受网络暴力和实施网络暴力的主要群体之一。很多大学生面对网络空间的热点人物和热点事件的时候，容易被情绪占据头脑，通过各种网络方式进行网络暴力，这种网络暴力不但造成一定的道德问题，还很可能触犯法律。因此，高校要高度关注大学生网络暴力问题，让大学生认识到网络暴力的危害，在理性的范畴内开展网络生活。

第二，传播网络谣言。网络谣言是网络空间中的常见现象，因为网络空间的身份是虚拟的，网络空间的信息缺乏一定的甄别，这就为网络谣言的产生营造了沃土。网络空间中的很多传播信息根本没有扎实的事实依据，很多事实内容也经过了一定的篡改失去了真实性，这就使得网络空间中谣言横行。由于大学生缺乏甄别网络谣言的途径，在网络空间中的活跃度又比较高，经常转发一些热点信息，所以大学生群体是网络谣言主要的传播者。虽然部分大学生在内心深处对网络谣言持抵制的态度，但是由于甄别网络谣言的水平有限，加之涉世未深，又很容易听信一面之词，因此大学生很容易在不知情的情况下成为网络谣言的传播者。此外，部分大学生虽然知道是网络谣言，但是由于热点话题会带来巨大的流量和关注，因此也为了流量而传播网络谣言。不难理解，网络信息本身就具有虚拟性的特点，虽然传播的速度快，但很难被及时考证和证明。在这种情况下，很多敏感的信息和新奇的信息更容易以极快的速度传播。很多大学生具有强烈的好奇心和分享欲，在面对敏感信息和新奇信息的时候，更容易第一时间分享，造成信息的快速传播。但如果这类信息是谣言的话，那么毫无疑问，大学生也成了谣言的传播者。

第三，侵犯知识产权。我国社会的知识产权意识一直比较淡薄，在虚拟的网络空间，知识产权的意识显得更加淡薄。目前来看，在网络空间侵犯知识产权的现象比比皆是，很多网民未经允许擅自使用具有版权的网络成果，包括一些视频、图片、文章以及表情，侵犯了知识产权所有者的权益。虽然大部分大学生对知识产权侵犯的现象持抵制态度，但由于网络空间的需要和获取知识成果的便捷性，在一定程度上降低了大学生对自身的道德约束。很多大学生在网上擅自使用具有知识产权的内容，目前来看，在网络空间侵犯知识产权已经成为大学生网络道德失范的重要问题之一。在互联网空间里，对于知识产权的保护缺乏足够的措施，互联网空间里的成果又非常容易获取，这使得在互联网空间的知识产权侵权现象非常严重。目前来看，很多大学生知识产权意识淡薄，在网络生活中很少重视知识产权问题，因此很容易侵犯他人知识产权。还有部分大学生明知知识产权问题，还抱着从众的心理和侥幸的态度侵犯他人知识产权。

第四，饭圈文化乱象。饭圈文化来自娱乐界，也是网络流行语之一。所谓饭圈文化，通常是指粉丝追星的行为，围绕着某个娱乐明星，组成有特殊组织纪律的文化圈子，交流情感和文化，形成所谓的饭圈。由于网络的出现打破了时空的界限，为粉丝交流提供了更为便捷的平台。近年来，各个饭圈除了与明星互动之外，不同明星的粉丝为了维护自己的偶像，与其他明星的粉丝展开了对战，不仅在网络上恶意评论、互相对骂，甚至网暴对方。在这种情况下，原本为了支持娱乐明星的饭圈文化，开始出现一些违反网络道德的现象。很多粉丝疯狂追逐偶像，为了维护偶像的形象，不惜造谣污蔑偶像的竞争对象或是网爆其他粉丝，将网络空间搞得乌烟瘴气。不难理解，大学生是追星的主要群体，对明星的崇拜也无可厚非。但如果大学生在网络空间中，为了自己的偶像不辨是非，甚至违背基本道德，则失去了基本的道德准则，在一定程度上会产生严重的道德问题。

二、大学生网络道德教育的问题

网络道德是新生事物，大学生是涉世不深的青年，因此加强大学生网络教育是提升大学生网络道德水准的重要途径。也可以说，当前大学生网络道德教育问题是目前大学生网络道德问题产生的主要原因。

1.大学生网络道德教育内容不够丰富

高校开展大学生网络道德教育，主要路径是通过高校思想政治课，特别是"思想道德与法治"这门课程，但在课程中相关内容占比不高，使得大学生网络道德教育的内容不够丰富。从目前来看，高校开展大学生网络教育，在内容方面存在两个方面的问题：一方面，高校开展大学生网络道德教育内容不够全面，没有在大学生网络道德教育中加入网络信息技术的内容，没有结合网络空间开展，这样一来，使得虚拟空间特点的大学生网络道德教育，与现实社会的传统道德教育被同等看待。另一方面，高校开展大学生网络道德教育，教育内容更新很慢，随着网络技术的更新换代，网络道德中的新情况、新现象层出不穷，高校应该做好大学生网络道德教育的更新换代工作，以满足大学生的需要。由此可见，大学生网络道德教育内容不够丰富，与网络空间的生活环境具有一定的差距，难以实施有效的网络道德教育，也难以有效提升大学生的网络道德水平。

2.大学生网络道德教育方法比较单一

教学方法单一一直是大学生网络道德教育常见问题。目前来看，大学生网络道德教育的方法依然单一，未能结合网络虚拟空间，也未能结合网络技术发展的要求。第一，大学生网络道德教育依然沿用传统的教学方式，通过老师讲、学生听的形式将网络道德知识传授给学生，在网络技术高度发达的今天，依然采用传统的教学方法，这显然是不符合时代发展的。第二，很多高校教师在开展大学生网络道德教育的时候，并没有充分利用当前的网络平台，目前来看，应用网络平台开展教育活动已经是教育发展的大势所趋，在开展与网络极为密切的网络道德教育的时候，更应该充分利用网络平台，但很多高校教师显然并没有这样的意识，也没有积极推进利用网络平台开展大学生网络道德教育。从这一点可以看出，大学生网络教育教学方法的创新还有很长的路要走。一方面，很多高校教师从内心深处并不认同创新传统的教学方式，依然按照自己熟悉的教学方式方法来开展大学生网络道德教育，在讲授式的教学方法中，大学生网络道德教育也趋于固化。另一方面，很多高校教师在利用网络平台开展大学生网络道德教育的时候，确实具有一定的难度，很多高校教师并不具备利用网络平台开展大学生网络道德教育的媒介素养。如果利用网络平台开展大学生网络道德教育，这需要很多高校教师进一步提升网络技术、提升媒介素养。由此可见，大学生网络道德教育方法比较单一，也是大学生网络道德教育效果不佳的重要原因，毕竟单一的教育方法难以激发大学生的学习兴趣，也难以加强大学生对网络道德的认同。

3.高校网络文化环境建设不足

目前来看，高校网络文化环境建设不足，也是大学生网络道德教育不足的表现。很多高校在网络文化建设方面做的工作很有限。很多高校的校园网、微信公众平台只是简单地发布新闻内容，并没有对大学生的道德教育，特别是网络道德教育进行宣传与指导。高校教师，特别是高校思想政治理论课教师也没有针对大学生网络道德的内容，为大学生提供更多的可供学习的网络资源。这就使得在网络空间里，大学生的网络道德教育没有得到很好的引导，大学生网络道德的培养没有得到很好的支持。不难理解，高校网络文化环境建设不足，对网络教育平台利用不足，也影响了大学生网络道德教育的效果。

4.大学生网络道德教育师资建设不强

师资建设是高校开展网络道德教育的组织基础和实施保障。师资建设不强主要在师资配置、师资能力方面存在问题。目前，高校网络道德教育的师资配置不明确。承担网络道德教育教学任务的思想政治理论课教师，未能顺应网络新形势，仍然以照本宣科式讲解网络道德内容，未能及时挖掘网络资源来补充网络道德内容，对网络新技术的应用能力不高，缺乏相关网络素养。部分高校负责网络道德教育工作的其他人员，如部分政治辅导员或班主任存在着综合能力不足问题，未能有效利用好网络信息技术、掌握好网络传播规律等，导致在开展网络道德教育时整体效果不佳。由此可见，高校教师尚未达到大学生网络道德教育的要求。

第五节　大学生网络道德教育的路径拓展

虽然家庭和社会在大学生网络道德水平提高上也有着重要的影响，但总的来说，大学生网络道德教育还应该由高校来实施。所以，在讨论大学生网络教育路径的时候，还应该以高校教育为主。

一、丰富大学生网络道德教育内容

大学生网络道德教育要丰富大学生网络道德教育内容。首先，高校在开展大学生网络道德教育的时候，需要将大学生网络道德教育进一步课程化，强调课程的载体作用，在高校思想政治理论课教学的基础上，可以单独开设大学生网络道德教育的专门课程，也可以开设大学生网络道德教育的专题课程。其次，高校教师要抓住网络空间的娱乐热点，作为大学生网络道德教育的案例素材，充实大学生网络道德教育的内容，通过对热点问题的分析，举一反三，来提升大学生对于网络事件的辨析能力，增强自己的道德体验，将大学生所学到的网络道德知识与网络空间的道德实践连接起来。第三，要重点设置网络空间信息辨别的内容，帮助大学生有能力辨别来自网络空间的错误信息，自觉抵制来自网络空间的错误价值观，提升大学生辨别真伪信息的能力，让大学生远离网络谣言。第四，要重点设置抵制网暴的内容，向大学生说清楚网络暴力的危害，帮助大学生辨别网络暴力、抵制网络暴力，在自身禁止网络暴力的同时，也帮助大学生如何处理网络暴力。

二、创新大学生网络道德教育形式

创新大学生网络道德教育的形式，对于提升大学生网络道德教育的效果至关重要。显然，大学生网络道德教育不同于一般意义上的大学生道德教育，因此，开展大学生网络道德教育，要在创新教育形式上下功夫。首先，一定要改变以往传统的课堂教学，将大学生网络道德教育与网络平台相结合，借助于网络平台开展大学生网络道德教育，因为大学生网络道德教育与网络空间息息相关，在网络空间内开展大学生网络道德教育，更具有体验感，如果按照传统课堂的形式开展大学生网络教育，无疑是纸上谈兵。第二，一定要实现理论与实践相结合，在开展大学生网络教育的过程中，不但要教授学生网络道德的知识，更要引导学生在网络空间内开展道德实践，网络空间不同于现实空间，具有很强的虚拟性，这也使得网络道德与现实道德有着很显著的区别，在这种情况下，高校教师更要鼓励大学生在网络空间内开展道德实践，增强道德体验，形成道德习惯。第三，在开展大学生网络道德教育的时候，高校教师要将教育的主动权转移到学生手里，真正做到以学生为中心，因为学生是网络用户，进行大学生网络道德教育的真正主体是学生本身，高校教师要深刻认识到这一点，将大学生网络道德教育从被动教育转化为主动教育，鼓励大学生自主学习、自我体验、自我提升，逐步提升网络道德水平。

三、营造大学生网络道德教育文化环境

开展大学生网络道德教育，除了正常的教育渠道之外，还要重视文化环境对于大学生网络道德提升的重要作用，营造大学生网络道德教育的文化环境。营造大学生网络道德教育的文化环境，可以从两个方面着手：一是在现

实空间内，营造大学生网络道德教育的文化环境。比如通过高校的展板、宣传栏等媒体渠道，介绍关于大学生网络道德的相关案例，来警示大学生要遵守网络道德，也可以打出大学生网络道德的宣传标语，强化大学生对于网络道德的印象。同时，也可以以网络道德为主题，开展大学生的各种实践活动，比如网络道德主题日、网络道德知识竞赛、网络道德演讲大赛、网络道德辩论大赛等等，通过不断的活动，加深大学生对网络道德的认识。另一方面，高校要充分利用自媒体平台，营造大学生网络道德教育的文化氛围。高校可以充分利用官方微博、微信公众平台，向大学生推送有关大学生网络道德教育的内容，通过大学生的在线阅读，让大学生对网络道德有更加深入的认识，对网络道德的相关问题有更深入的理解，从而提升网络道德的水准。在大学生网络道德教育中，要营造大学生网络道德教育文化环境，利用文化育人的作用，提升大学生网络道德教育效果。

四、完善大学生网络道德教育师资队伍建设

大学生网络道德教育要完善大学生网络道德教育师资队伍建设。高校网络道德教育队伍应具备扎实网络道德品质与网络理论素养。对于高校思政课教师来说，既要加强自身的道德修养，也要加强对网络空间的理解，真正做到能够理解网络道德，在高校思想政治理论课中，能够解答大学生在网络道德中的相关问题，能够讲清楚网络道德中的相关现象，并剖析背后的原因，提出针对性策略。对于专业课教师来说，同样要关注网络道德的教育教学，可以结合自身的专业内容，以课程思政的形式来开展大学生网络道德教育。对于高校辅导员来说，开展大学生网络道德教育更是应有之义，高校辅导员往往与学生关系较近，更能了解学生的成长情况，对于大学生的网络道德情况有着更为深入的理解，高校辅导员要补充网络道德知识，创新教育教学方法，利用各类活动将大学生网络道德教育融入其中，从而提升大学生的网络道德水平。

第六章

大学生职业道德教育研究

职业道德对人们来说并不陌生，关于职业道德失范问题是社会上关于道德问题讨论的焦点问题，也是大众关注的具有焦点意义的道德问题。大学生是未来的职业人，也必将受到职业道德的规范，因此，加强大学生职业道德教育是非常必要的。众所周知，职业道德是面向职业生活的道德规范，是大学生未来职业生活的重要基础和重要保障，也是当代大学生道德体系的重要内容。加强大学生职业道德教育，提高大学生职业道德素质，也是大学生道德教育的重要任务。

第一节　大学生职业道德教育的含义

在了解大学生职业道德教育之前，有必要对职业道德的内涵进行深入的了解。如果从业人员需要保持自己工作的规范性，实现自己的职业价值，那么必须按照相关的行为规范和要求对自己的行为进行约束，这也是职业道德的重要意义。

一、大学生职业道德教育的含义

所谓大学生职业道德教育，顾名思义，就是面向大学生，针对职业道德所开展的教育活动。开展大学生职业道德教育，对于大学生的职业成长非常重要。在开展大学生职业道德教育之前，首先要了解职业道德的含义。

1.职业道德的概念

职业道德在我们的日常生活中非常常见，也具有广泛的约束力，但对于大多数人来说，对于职业道德的理解往往建立在主观的感性体验上，却很少有理性思考。

从字面上看，职业道德是关于"职业"的道德。职业的通俗表述就是人们所从事的工作。社会分工造成了职业的划分，职业也因此具有了特定的业务要求和职责规定。人们通过职业获取生活来源，形成一定的社交网络和利益关系，并拥有各自的职业生活。职业生活是人类社会生活中最普遍、最基本的活动。同时，职业也是决定人们身份的重要标签，在很多场合中进行自我介绍的时候，除了要介绍自己的姓名和籍贯外，通常都要介绍自己的职业。职业对于一个人的影响是深远的：其一，职业往往决定着一个人的工作内容，同时也决定着一个人的工作权限，在这种情况下，职业往往和个人收益息息相关，好的职业往往意味着好的收益；其二，职业往往反映着一个人的知识结构，比如一个人从事着大学教师的职业，那么在很大程度上意味着这个人具有一定的专业能力，是某个领域的佼佼者；其三，职业往往有声望高低的不同，无须讳言，有的职业声望很高，有的职业声望偏低，这也会给人在人际交往方面造成一定的影响。但无论什么样的职业，都应遵守职业道德，职业道德是每个职业都应该遵守的行为操守，这一点毋庸置疑。

对职业道德的理解，中西方有着一定的差异。一般来说，我们学者认为的职业道德，往往具有一定的规范性，通常会认为，职业道德就是人们在履行本职工作中，从思想行为上理应遵循的道德规范和准则。它是职业范围内的特殊道德要求，是一般社会道德和阶级道德在人们职业中的具体体现。由此可见，我国学者在对待职业道德问题上更注重的是职业行为的规范，希望依托于职业道德规范职业人的职业行为，达到提升职业水平的目的。与此不同的是，西方学者常常把职业道德看作一种价值观和能力，突出个人价值取向与处事原则，强调社会利益与个人利益，也就是说企业追求个人利益与促进社会利益具有一致性，在社会规范层面崇尚平等观念，在个人规范层面则奉行个人主义原则。因此在对职业道德的界定中更注重人的因素，尤其是个人对职业的目的、地位、作用等，并强调勤奋、责任、团队意识、敬业精神与企业荣誉感。由此可见，西方学者在对待职业道德问题上更注重思想领域的教化，希望建立起正确的职业价值观，在职业价值观的指引下规范职业行为。

在这里，我们把职业道德定义为：在一般道德准则的范畴内，经过人们长期实践并为多数人所接受的，基于不同行业、不同职业活动而构建的对待自己职业的一整套稳定的价值观、从业态度及从业规范。对于职业道德的定义，我们要从以下几个方面来理解。其一，职业道德要在一般道德准则的范畴内，也就是说，一般道德准则是职业道德的基础与根基，职业道德不能脱离一般道德的范畴；其二，职业道德来自实践，不是凭空想象出来的，而是在职业实践中逐渐形成的，有着深厚的实践基础，这也是职业道德形成的重要的现实基础；其三，职业道德与其对应的行业、职业息息相关，比如医药行业和运输行业，就有着不同取向的职业道德，这是行业、职业所决定的；其四，职业道德在思想和行动方面均有所体现，在思想方面职业道德主要体现为价值观，以此判断职业行为的对错，在行为方面主要自觉规范职业人的职业行为。

不难看出，随着人类社会的不断进步和发展，人类通过职业生活创造能够满足自身需要和社会发展的生产资料。随着经济社会的不断发展，各种职业更新迭代，老旧的职业随着新陈代谢结束，新的职业蓬勃发展，职业道德也不断向前发展，并在职业生活中扮演着越来越重要的角色。在职业生活中，从业人员如何对本职工作尽职尽责，自觉履行义务，如何处理好上下级之间、同事之间的关系，如何做到爱岗敬业、无私奉献，如何形成正确的责任意识，如何处理社会利益与个人利益的关系等问题都需要职业道德来解决。

2.职业道德的特点

职业道德是给予职业生活的道德类型，是一种特殊的道德，具有其自身鲜明的特点。通常来看，职业道德有如下几个方面的特点。

第一，教育对象的行业性。教育对象的行业性无疑是职业道德的基本特点。职业道德是在职业活动中体现的道德素质，是职业领域的专门道德，从业的领域不同，职业道德也有所不同。比如对于律师来说，要求根据事实和法律依据，对事不对人，要严格保持法律流程。对于医生来说，则强调悬壶济世、治病救人、救死扶伤。对于高科技人员来说，要求刻苦钻研、努力公关、严谨精准。对于商人来说，强调合法交易、公平交易、诚实守信。对于教师来说，强调教书育人、雕刻灵魂。行业性是道德最显著的特点，在开展职业道德教育的时候，要首先强调职业道德的行业性。

第二，表现形式上的多样性。职业道德的内容也是极其多样的，包括文本形式的职业规章，具有强制意义上的职业纪律，行业内部的职业守则，约定俗成的职业习惯等。此外，在不同地区、不同时代，即使相同的行业，职业道德内容也不尽相同，这使得职业道德具有多样化的特点。职业道德对从业人员的具体直接行为提出相应的要求，比如从业者的职业装束、职业语言、职业仪态等，这也是职业道德多样性的具体体现。职业道德在表现形式上的多样性，使得职业道德能够成为从业人员的重要标签，在很多时候，判断从业人员是否优秀，职业道德是一个重要的评判标准。

第三，内容上的稳定性和连续性。由于职业分工有相对稳定性，与其相适应的职业道德也就有相对的稳定性，尤其是一些传统职业，比如医生、教师、公职人员等，尽管时代变迁，职业生活的内容和范围有所变化，但职业道德的核心内涵都是相对稳定的。同时，虽然随着时代变迁，一部分行业的职业道德仍然表现出相对的连续性。比如，教师职业的教书育人的宗旨是自古延续至今的，教师的职业道德也在稳定的基础上持续发展。

第四，发展上的更迭性。发展上的更迭性是职业道德的鲜明特点。职业的产生源于时代的需要和人民的需要，随着科技的发展、时代的进步，一些不适应时代的职业灭亡，新的职业不断产生，在这种情况下，许多职业道德也随着职业的消失而消失，一些新职业道德也随着新的职业产生而产生，并在实践中不断完善。由此可以看出，职业道德随着职业的发展更迭而不断更新换代。

二、大学生职业道德教育的特点

大学生是未来的职业人，是未来某个行业的从业者，因此，大学生在未来必须要遵守职业道德，才能成为合格的职业人。因此，要对大学生进行职业道德教育，夯实大学生的职业道德基础，让大学生更容易从学生角色转换为职业人角色。不难发现，大学生职业道德教育具有如下几个方面的特点。

1.教育对象具有针对性

不难理解，所有大学生都是大学职业道德教育的对象，高校的职业道德教育应落实到具体的行动上。为了让大学生适应社会环境、适应新的岗位，应该从大学生入学开始就做好职业道德教育，贯穿大学的整个阶段。大学生职业道德教育要因地制宜，面对不同年级、不同专业开展不同的教育。由上不难看出，大学生职业道德教育的教育对象具有针对性，针对不同知识基础、不同需求的大学生群体，大学生职业道德教育要选择不同的内容和方法，不能一概而论，否则会影响大学生职业道德教育的效果，产生"一锅搅马勺"的困境。

2.教育目标具有实践性

大学生职业道德教育不能只停留在理论层次，要充分考虑到社会的实际需求，运用于实践之中。高校可以从毕业实习、岗前培训、勤工俭学、校企合作等形式，让大学生在实践中体验职业道德。由上可见，高校应该意识到，在大学生职业道德教育中，存在"纸上得来终觉浅，绝知此事要躬行"的境况，要充分与社会上相关行业机构合作，丰富实践教学资源，为大学生提供更多参与到工作情境中的机会，在真实的工作情境中进一步体验和感悟不同岗位的职业道德，为早日成为合格的从业者打好坚实的道德基础。

3.教育手段具有多样性

大学生职业道德教育可以采用的方式多种多样，可以借用的资源也很多。首先，可以选择在一定的工作领域有一定成绩的毕业生回学校开一次研讨会，进行现身说法。在交流的过程中，加深对职业道德的认识。此外，要围绕职业道德培养，开展志愿类的活动，应该积极倡导、落实与职业道德相关的志愿类活动，帮助一些需要帮助的人、到山区献爱心、做爱心支教活动等。在这些实践活动当中，教师要有意识地对学生的团队合作能力、忍耐力做相应的培养，积极调动他们在活动当中的主观能动性。由上可见，开展大学生职业道德教育，其教育手段可以是多种多样的，既可以通过授课、专题讲座的形式来传授职业道德的知识，也可以在实习过程中加深对职业道德的体验，在各类实践活动中提升大学生的职业道德水准。总之，要采取一切行之有效的办法，提升大学生对职业道德的认识，提升大学生的职业道德自觉，让大学生更好地遵守职业道德。

4.教育内容具有专业性

职业道德教育可以在专业课中开设，将职业道德教育与专业知识传授相辅相成，把职业道德教育与专业理论学习的特点相结合。高校专业教师应该做好自己专业课程与职业道德教育之间的衔接工作，真正做好把职业道德教育与大学生综合素质培养结合在一起。

第二节　大学生职业道德教育的内容研究

大学生职业道德教育内容是大学生职业道德教育开展的关键，是提升大学生职业道德水准的重要基础。总的来说，大学生职业道德教育内容主要包括职业道德知识、职业道德情感、职业道德意志、职业道德信仰、职业道德行为共五个层次的教育。

一、职业道德知识教育

在大学生职业道德教育内容中，职业道德知识教育主要引导大学生认识和理解职业道德的内涵以及应遵循的道德规范和行为准则，是对大学生进行职业道德教育的首要内容。许多违反职业道德行为出现的主要原因就是从业者缺乏基本的职业道德知识，因此在新时代下对大学生进行职业道德知识教育显得十分重要。大学生只有在深入认识和理解职业道德相关理论知识的基础上，形成正确的职业道德价值观，提高职业道德素养，才能进一步运用理论指导实践，为步入职场打下基础。由上可见，在开展大学生职业道德教育的时候，首先要重视职业道德知识教育，只有夯实大学生的职业道德知识基础，才能够逐步开展大学生职业道德教育，如果大学生的职业道德知识基础薄弱，那么，大学生职业道德教育的开展往往就会成为无源之水、无根之木，就会成为不切实际的空中楼阁。

二、职业道德情感教育

在大学生职业道德教育内容中，职业道德情感教育主要指引导大学生在未来的职业生活中对自己将要从事的工作岗位树立正确的情感，以积极的态度对待自己的工作，即对大学生进行以爱岗敬业为主要内容的职业道德情感教育。刚毕业的大学生面临着就业的压力，在步入工作岗位之前对大学生进行以爱岗敬业为核心的职业道德情感教育，使大学生能够正确看待自己的每一份工作，热爱自身的本职工作，全身心地投入到工作之中，勇于创新，在岗位中实现自身的人生价值，进而为实现中国梦贡献自己的力量。由上可见，在开展大学生职业道德教育的时候，开展大学生职业道德情感教育是至关重要的，只有大学生对职业岗位具有了情感，才会在情感的驱动下，去践行职业道德，才能积极调动自身的主观能动性，才能以热爱的态度面对岗位，才会不断提升职业道德水准。

三、职业道德意志教育

在大学生职业道德教育内容中，职业道德意志教育主要是培养大学生在职业生活中面对困难、面对诱惑时所展现的艰苦奋斗精神，即培养大学生敢于改革的创新精神、崇尚节俭的朴素精神、脚踏实地的奋斗精神和廉洁自律的为民精神。由上可见，在开展大学生职业道德教育的时候，开展大学生职业道德意志教育也很关键，在践行职业道德的时候，往往面临着各种各样的困难、各种各样的诱惑，这些困难和诱惑会成为大学生践行职业道德的阻碍，在这个时候，大学生要具有职业道德意志，才能不怕困难、抵制诱惑，坚定不移地践行职业道德，由此可见，职业道德意志是大学生践行职业道德的重要保障。

四、职业道德信仰教育

在大学生职业道德教育内容中，职业道德信仰教育主要是培养大学生树立甘于奉献、服务社会的职业道德信仰。大学生作为社会未来发展的主力军，只有具有甘于奉献、服务社会的职业道德信仰，才能在平凡的工作岗位上作出不平凡的努力，实现自身价值，为集体和社会贡献力量。由上可见，在开展大学生职业道德教育的时候，开展大学生职业道德信仰教育也很关键，职业道德信仰是践行职业道德的指路明灯，有了坚定的信仰，大学生在践行职业道德的时候才会不迷路，因此，对大学生来说，加强自身职业道德信仰，有助于在未来漫长的职业生涯中始终保持正确的职业方向，规范职业行为，为做一名优秀的从业者而奋斗终身。

五、职业道德行为教育

在大学生职业道德教育内容中，职业道德行为教育就是要加强大学生的职业道德行为和能力培养，培养大学生矢志不渝地坚持正确的职业道德行为准则，践行高尚的职业道德行为，作出正确的职业道德选择。同时在大学生职业道德行为教育中应注重加强法治教育，使大学生知法、懂法、守法。由上可见，在开展大学生职业道德教育的时候，开展大学生职业道德行为教育也非常关键，大学生的职业道德修养最终要落实到职业道德行为，规范的职业道德行为，能够体现大学生的职业道德水准，也能够提升大学生的职业水平，帮助大学生的职业发展。

第三节　大学生职业道德教育的价值研究

显然，职业道德对于大学生的成长成才至关重要，大学生职业道德教育理应被高度重视。也可以这样理解，大学生职业道德教育是面向未来发展的道德教育，关乎大学生未来的职业生活，对于大学生的未来发展具有重要意义。目前来看，大学生职业道德教育的价值主要体现在以下几个方面。

一、大学生职业道德教育是社会发展的必然要求

在当前社会环境下，大学生职业道德教育应该要按照社会的进步发展规

律进行创新并提升完善。大学生是中国特色社会主义的建设者和接班人，开展大学生职业道德教育，有助于帮助大学生学会敬业奉献、热爱工作、团结协作、奉献社会，引导大学生充分利用自己所学知识用于推动社会进步和为人民服务，将大学生的聪明才干转变为社会发展的推动力量。因此，要加强大学生职业道德教育，提升大学生的职业道德水平，让职业道德成为激发大学生职业潜能的重要动力，让大学生在职业道德的指引下兢兢业业、恪尽职守，为社会贡献自己应有的力量。

二、大学生职业道德教育是大学生就业的客观要求

当前大学生的就业充满功利性，对于岗位的贡献往往建立在工薪待遇的基础上，如果工薪待遇不能满足大学生的要求，很多大学生会毫不犹豫地辞职。在这种情况下，很多用人单位担心留不住人才，不愿意招收应届毕业生。加强大学生职业道德教育，应引导大学生树立正确的就业观，让大学生不再单单以追求薪资为目的，而是在工作中逐渐成长，实现自我价值。踏实能干、勇于磨砺的大学生自然会受到用人单位的欢迎，大学生也应该积极学习职业道德，根据就业形势，提高自身能力，通过不同的渠道实现就业。目前来看，职业道德对于大学生的职业发展至关重要，很多用人单位也高度重视这一点，很多用人单位已经将职业道德考察纳入员工招聘工作中，对于职业道德修养较好的应聘者，用人单位会优先考虑。因此，要加强大学生职业道德教育，提升大学生的职业道德水平，有助于大学生在就业竞争中脱颖而出，得到用人单位的青睐，从而顺利实现就业。相反，如果大学生没有良好的职业道德修养，则很容易遭到用人单位的质疑，也容易失去求职择业的机会。

三、大学生职业道德教育是大学生自我发展的内在需要

当代大学生都是在改革开放后的环境下成长，思维敏锐，独立自主性强，更加注重通过个人独立奋斗来实现自我价值，同时进行自我提高。但部分大学生对未来毕业后会从事什么样的工作还存有迷茫、困惑。同时有些毕业生对自己选择进修的专业了解不足，不懂这些专业在社会中有着怎样的作用。在这种情况下，需要加强大学生职业道德教育，让大学生对大学所学专业进行解剖，认识到自己专业的基本情况、发展前景、在整个社会中能够承

担的作用，同时增强他们奉献社会、服务社会的荣誉感，在大学期间为未来成为一名合格的职业人打下基础。大学生职业道德修养对于大学生的职业发展具有重要的指引作用，并会引导大学生的职业发展。因此，要加强大学生职业道德教育，提升大学生的职业道德水平，有助于大学生明确职业发展目标，在明确的职业目标指引下逐渐提升自己的知识水平、技能水平，努力积累工作经验，积极参与求职择业，参与到轰轰烈烈的社会建设中来，更好地为人民服务。

第四节　大学生职业道德教育的问题分析

职业道德历来是高校培养人才的教育内容，虽然高校对于大学生职业道德的培养一直在开展，但目前来看，大学生职业道德水平依然没有达到应有的水准。

一、大学生职业道德的问题表现

部分大学生职业道德存在着一定的问题，阻碍了大学生的求职择业和职业发展，影响了大学生的成长成才。

1.部分大学生就业态度不端正

部分大学生存在着就业态度不端正、自我意识过强的现象。随着社会的发展，大学生对职业的要求也越来越多。大部分大学生都希望找到自己理想的工作岗位，希望自己的工作岗位符合自己的实际情况。但"理想太丰满，现实太骨感"，大学生毕业后进入社会工作，配合意识不强，主要表现在工作态度不积极，产生消极怠工的心理。对工作岗位所需要的工作职责，大学生具有一定的排斥心理。大学生在短时间内无法适应工作岗位职责，出现了一些行为失范：对工作时间不满意，随时旷工；对工作流程不满意，将工作责任推卸给他人等。由此可见，由于大学生就业态度不端正，不仅对于自身职业技能的成长没有好处，还会影响到工作单位的工作效率，因此，很多用人单位对就业态度不端正的大学生非常排斥，甚至影响了用人单位的到校招聘。

2.部分大学生敬业精神欠缺

部分大学生敬业精神欠缺、工作状态不佳。有的大学生走向工作岗位，不能对自己的实际情况进行客观判断，产生"低不成，高不就"的心理。有的大学生自我感觉良好，认为工作岗位不适合自己，在工作时没有认真的状态，无法完成工作内容，造成企业内部生产力的损失。另外，有的大学生敬业精神欠缺，导致工作质量下降，增加了其他工作人员的负担。如企业将重要的内容托付给刚步入职场的大学生，大学生工作状态不佳，屡次出错，造成工作效率问题，从而耽误生产流程与计划。由此可见，部分大学生敬业精神欠缺，难以适应工作岗位，提高了用人单位的用人成本，影响了用人单位的效益，这也是目前有的大学生在职业道德修养方面最容易出现的问题，很多大学生因为无法适应工作岗位而离职。

3.部分大学生吃苦耐劳精神欠缺

部分大学生吃苦耐劳精神欠缺，工作难题不易攻克。这些大学生在高校中遇到难题时，常常获得教师和家长的帮助，容易形成依赖性，走向社会之后，这些大学生在岗位中遇到艰难的问题会有放弃的心理，吃苦耐劳精神的欠缺让大学生无法自主解决初入岗位时遇到的困难与问题。由此可见，大学生吃苦耐劳精神欠缺，也影响了自我发展和工作效率。实际上，目前大学生多为独生子女，有人从小娇生惯养，加之我国生活水平的提高，很多大学生从小没有吃苦的经历，所以欠缺吃苦耐劳的精神，在初入职场时会非常不适应，阻碍了职业发展。

二、大学生职业道德教育的主要问题

显然，大学生在职业道德方面存在着一些问题，这也反映出大学生职业道德教育方面的不足。目前来看，大学生职业道德教育的主要问题突出表现在以下几个方面。

1.大学生职业道德教育理念的问题

在我国的传统文化认知中，相较于其他道德类型，职业道德的地位比较低，人们对于职业道德的重视程度不够，或者只是将职业道德等同于家庭美德、社会公德，也仅仅是要求人们做到内心熟知职业道德规范即可，但职业道德并非一般意义上的道德，而是具有实际效益的道德类型，从这个角度看，可以说我国职业道德教育的理念相对滞后。随着市场经济的迅猛发展，产生了享乐主义、拜金主义思潮，给传统的道德观念和道德准则带来了冲击。在这种情况下，整个社会开始重视职业道德教育，大学生职业道德教育受到了一定重视。但从目前来看，依然有部分高校认为大学生职业道德教育是大学生就业的附属品，而不是大学生重要的道德素质。因此，需要进一步提升大学生职业道德教育理念，明确大学生职业道德的真实价值，让大学生职业道德教育成为一种综合性的素质教育，摆脱原有的片面性和功利性的认知。实际上，在大学生道德教育中，高校应该将职业道德教育作为基本的道德教育，作为贯穿大学生终身的道德要素来看待，重视职业道德教育，开展职业道德教育。

2.大学生职业道德教育课程的问题

大学生职业道德的课程，其内容往往集中于"知"的层面，却忽略了对大学生进行"情、意、信、行"的教育，课程内容略显狭窄。一是大学生职业道德教育内容陈旧且过于理论化。目前高校大多借助"思想道德与法治""职业生涯规划"等理论课开展职业道德教育，课堂大多讲授职业道德规范等纯知识性内容，过于理论化。同时由于教材更新周期较长，教材案例未能及时更新，课堂教学缺乏鲜活案例。二是大学生职业道德教育内容与大学生需求的契合度不高。目前大学生职业道德教育的课程内容大多注重共性的职业道德教育，但事实上不同专业的大学生在进入职场前，理应在遵守共性的职业道德规范的基础上，树立与自己行业性质、行业特征相符合的行业职业道德教育规范。但目前职业道德教育内容尚未与专业教育相结合，无法满足不同专业大学生对职业道德教育的需求，与大学生需求的契合度不高。总的来看，目前的大学生职业道德教育实用性不强，很大程度上还处于纸上谈兵的阶段，在这种情况下，大学生职业道德教育对于大学生的影响是有限的，难以有效提升大学生的职业道德水平。

3.大学生职业道德教育方法的问题

大学生职业道德教育方法也存在着过于单一的问题。因为目前大学生职业道德教育的方法还延续着以讲授式为主，容易使大学生产生枯燥、乏味的逆反情绪，让大学生认为职业道德教育就是讲授抽象化、理论化等纯知识的过程，甚至内心抵触职业道德教育，因此，大学生职业道德教育需要在方法方面进行改革，职业道德教育实效性也有待进一步提高。此外，大多数高校职业道德教育实践教学环节往往因理论教学任务重，大多趋于应付心理走形式，开展职业道德教育实践活动也仅仅是针对应届毕业生，活动频率低，覆盖范围小，实践教学环节缺乏活力。由上可见，大学生职业道德教育方法的单一，也影响了大学生职业道德教育的效果，使大学生职业道德教育不能让大学生深入了解、自觉践行职业道德，在很大程度上还难以做到知行合一。

4.大学生职业道德教育师资队伍建设的问题

大学生职业道德教育已形成了以高校思想政治理论课教师为主，专业教师、辅导员为辅的专兼职教师相结合的职业道德教育师资队伍。在实际的教学过程中，与其他专业课教师队伍相比，大学生职业道德教育师资队伍建设还相对滞后，主要表现在两个方面：一方面，大学生职业道德教育师资队伍结构不合理。大学生职业道德教育课往往是由高校马克思主义理论课教师担任，这些教师大多是身兼数门课，并不都是职业道德教育领域的专家，他们由于专业学科属性的限制以及自身教学任务重，对职业道德专业知识的研究并不是十分深入，并不能完全投入到职业道德教育工作中，导致大学生职业道德教育的针对性和实效性还有待进一步增强。另一方面，职业道德教育教师本身的职业道德素养有待提升。教师承担着传播知识、传播思想、传播真理的历史使命，教师的一言一行都在潜移默化地影响着大学生的价值观。职业道德教师更应该以身作则，言传身教，自觉遵守教师职业道德规范。然而近年来，部分教师因自身对职业道德教育缺乏重视，在诱惑面前无法完全遵守教师职业道德，出现违背教师职业道德准则的不良现象，师德师风建设尚需进一步加强。所以，在大学生职业道德教育中，教师问题也影响了大学生职业教育的正常开展，这也是目前大学生职业教育开展过程中的一个关键问题。

第五节　大学生职业道德教育的路径拓展

提升大学生的职业道德水准，就要加强大学生职业道德教育，拓宽大学生职业道德教育的路径。大学生职业道德教育的路径拓展大致可以有以下几个方面。

一、更新大学生职业道德教育理念

教育理念是教育实践先导，对于大学生职业道德教育来说，先进的教育理念是开展大学生职业道德教育的前提，只有树立正确的、科学的教育理念，才能进一步指导大学生职业道德教育活动的开展。但以往的教育理念与大学生职业道德教育的要求存在差异，因此，更新大学生职业道德教育理念是大学生职业道德教育创新的首要环节。

1.从知识性教育向价值观教育转换

目前，大学生职业道德教育仍受传统教育观念的影响，部分高校大多把职业道德教育理解为单一的知识性教育，认为大学生职业道德教育就是教授大学生学习职业道德知识、熟知职业道德规范、牢记职业道德要求等理论性教育，而忘记了大学生职业道德教育的初心是对大学生进行"知情意信行"的系统性教育。同时，大学生职业道德教育要坚持立德树人、加强素质教育，培养拥有正确价值观的德才兼备的人才。因此，应更新以往只重视知识传授的职业道德教育理念，树立职业道德价值观教育，使大学生在内心拥有明辨是非的职业道德准则，提升职业道德能力，促进知行合一，树立坚定的职业道德信仰，践行高尚的职业道德行为。

2.从职业德性教育向职业德行教育转换

在大学生职业道德教育领域，"职业德性"就是人们在接受职业道德教育过程中在内心对所学习的职业道德规范等理论性知识产生的认同，而"职业德行"就是人们在具体的职业生活中付诸具体的职业选择和职业行为。职业德性是职业道德教育的内在表现，职业德行则是外在表现。职业德性和职业德行二者相辅相成，只有掌握了正确的职业道德规范，具备了良好的职业道德认知与思维，从内心领悟了理论知识，才能更好地将理论知识外化于职业行为，拥有良好的职业道德行为。目前来看，大学生职业道德教育理念已不能简单地停留在认知层面、职业德性层面，而是应帮助大学生具备良好职业道德认知和思维、正确掌握职业道德规则、提高职业道德品质，从而外化出良好的职业道德行为，实现职业德性向职业德行的现实转化。

二、完善大学生职业道德教育课程

课程是教育的根本，对于大学生职业道德教育来说也不例外。大学生职业道德教育课程是开展大学生职业道德教育的素材和依据，开展好大学生职业道德教育，完善大学生职业道德教育课程十分必要。一方面，在高校思想政治理论课的基础上，专门开设大学生职业道德教育课程，使大学生能够从书本上真正学习到有价值的东西。另一方面，高校可以建立职业道德教育、学习交流平台，如通过学术讲座、先进事迹报告会等活动来加强对大学生进行职业道德教育，巩固大学生所掌握的职业道德精神，使大学生对职业道德实现内化。

三、创新大学生职业道德教育方法

创新大学生职业道德教育方法也是目前大学生职业道德教育的应有之义。

第一，榜样教育法。大学生职业道德教育要以优秀者、榜样自身良好的职业道德素养、高尚的职业道德品质、科学的职业道德行为以及卓越的贡献等影响大学生，发挥各行各业拥有高尚职业道德品质的劳模、英模人物的正面典型示范作用，加强大学生对职业道德教育的认同。

第二，案例分析法。在大学生职业道德教育过程中运用案例分析法，对职业道德案例进行分析、讨论，由大学生自主地发现问题、分析问题和解决问题，将会大大激发大学生学习职业道德的兴趣和积极性，促进大学生领会职业道德的基本知识，将所学的职业道德知识运用到实践中。

第三，校企合作的实践教育法。高校可以与大学生本专业的相关企业进行对接，开拓实习渠道，为大学生提供定岗实习的机会，通过企业与高校共同开展职业道德教育的方式搭建教育平台。大学生只有亲身投入到工作岗位中，才能对职业道德产生更深切、更真实的感悟。

四、加强大学生职业道德教育师资

教师队伍是高质量推进大学生职业道德教育的人力资源保障，对于能否实现职业道德教育的最终目标起到关键作用，因此必须积极推进师资队伍建设工作。在大学生职业道德教育过程中，高校应当优化师资队伍结构，配备好专职师资，补充好兼职师资。同时，高校要采用各种方式，如通过岗位津贴、科研立项、职称评聘、绩效考核等途径，鼓励和支持负责大学生职业道德教育工作的教师做好本职工作。在大学生职业道德教育过程中，对于师资队伍建设，还需要说明的两点是：其一，需要对高校教师进行职业道德知识的教育，夯实高校教师的职业道德知识基础，让高校教师能够有效地开展大学生职业道德教育活动；其二，要加强高校教师的师风师德建设，全面提升高校教师的职业道德，让每一名高校教师成为职业道德的榜样，用榜样的力量感染大学生。

第七章

大学生家庭美德教育研究

家是生活的港湾，家是心灵的归宿。家庭对于每一个中国人来说具有特殊的意义，家庭生活在中国人的生活中占据着重要地位，每一个中国人都热爱自己的家庭，都在为了家庭幸福而奋斗。在中华优秀传统文化中，家庭美德也占据着重要地位。同样，作为中华民族一分子的大学生，也应该将家庭放置于重要的位置，为家庭的和睦幸福而奋斗。因此，大学生家庭美德也是大学生道德体系的重要组成部分。

第一节　大学生家庭美德教育的内涵研究

家庭美德对于每一个中国人来说都不陌生，正因为如此，在讨论个人道德的时候家庭美德往往被忽略。同样，在谈及大学生道德素质的时候，家庭美德往往会被忽视，很多高校在家庭美德方面都没有给予足够的关注，但事实上，家庭美德作为大学生不可或缺的道德素质，不可忽视。正因为如此，提升当代大学生的道德素养，构建当代大学生的道德体系，要求高度重视家庭美德教育，以此来夯实当代大学生的道德基础。

一、大学生家庭美德教育的含义

家庭是社会的基本单元，是每个人从小生活的地方。同样，家庭美德也是每个人从小耳熟能详的词汇，但其具体的内涵却往往基于感性认识，或者是基于脑中固有的印象。对于大多数人来说，并没有从理性认识角度深入认识家庭美德。对于很多大学生来说，同样没有深入认识家庭美德，而实际上，家庭美德对于大学生的成长成才具有特殊的意义。

1.家庭美德的含义

作为人类最基本和最重要的社会组织，家庭是人类社会得以延续和发展的重要载体，是社会庞大体系中的细胞与单元。家庭自产生之日起就具有动态性，其内涵也有着丰富性与多样性。首先，家庭能够提供每个人的生活资料，为每个人提供生存的基础；其次，家庭能够保障每个人的安全，保护家庭成员安全成长；第三，家庭能够抚慰每个人的心灵，保障每个人的心理健康；第四，家庭能够提供基本的教育，帮助个体融入社会。

家庭美德是中华传统美德在家庭层面的体现，是从道德层面对人们在家庭生活中的观念及行为的约束。家庭美德作为家庭生活的主要规范形式，对于我国家庭生活的和谐幸福至关重要，是中华优秀传统文化的宝贵财富。由于不同地区、不同职业背景的家庭各自具有其特点，因此，以家庭美德的共同道德标准为基本框架，对各个家庭内部成员的行为及关系进行约束，使其在一定范围内有一定的规范显得十分必要。中华民族是一个重视家庭的民族，丰富的家庭美德主要蕴含在中华民族的家庭生活中，记录在传统的家风、家训之中。

2.家庭美德教育的内涵

家庭美德是中华优秀传统文化的重要组成部分，是用来规范我国家庭生活的道德标准，对于我国家庭生活的和谐与幸福具有重要作用。因此，开展家庭美德教育，对于普及家庭美德、提升家庭成员的道德标准和道德水平至关重要。一般来说，可以从含义和特点两个方面来深入了解家庭美德教育的内涵。

（1）家庭美德教育的含义

家庭美德教育是对学生所进行的以家风、家规、家庭文化等为主要教育内容的教育活动，使家庭美德成为对学生品德教育的积极的人文力量，其目的在于传播正确的家庭价值观，构建良好的家庭关系，促进家庭和睦，进而提升社会稳定性。王敬华在《新编伦理学简明教程》中指出："家庭美德的规范是调节家庭成员之间，即调节夫妻、父母同子女、兄弟姐妹、长辈与晚辈、邻里之间的行为准则。它也是评价人们在恋爱、婚姻、家庭、邻里之间交往中的行为是非、善恶的标准。"从家庭美德的定义可以看出，家庭美德是调节家庭成员关系的规范，因此，深入理解家庭美德的概念可以从以下几个方面入手：其一，家庭美德是一种规范，有着明确的标准，为家庭成员的行为提供了参照；其二，家庭美德是调节家庭成员之间关系的规范，根据家庭成员之间关系的不同，家庭美德有着多元化的倾向，并非简单单一的标准；其三，家庭美德不仅可以调节家庭成员之间的关系，也可以以家庭为单位，促进与邻里之间关系的发展，也就是说，家庭美德也有一定的"外交性"；其四，家庭美德可以判断是非善恶，促进良好的家庭关系，含有丰富的价值观的内容。

（2）家庭美德教育的特点

家庭美德教育是道德教育重要的内容。作为一种比较特殊的道德教育，家庭美德教育有以下几个特点。

第一，家庭美德教育的基础性。家庭是作为人道德化、社会化的首要场所，家庭美德教育对于每个人道德观的树立具有重要的启蒙作用。首先，家庭美德是每个人道德修养的源头，是道德意识层面的灵魂和基础。其次，每个人的一生都在不同的环境中接受着不同形式的教育，家庭美德教育在实践上却具有前提性和基础性的特点。最后，国家是由千千万万个家庭组成的，家庭美德教育也会改变社会风尚、影响国家文化，对于国民教育素质的提升也有基础性的作用。正因为家庭美德教育具有基础性作用，因此在道德教育中要高度重视家庭美德教育的地位和价值，积极开展家庭美德教育，并以家庭美德教育为切入点进一步开展其他道德教育。

第二，家庭美德教育的社会性。家庭美德教育不仅是家庭内部的事，还能够通过全社会家庭美德教育的广泛开展，进而渗透在社会公德的巩固与完善上。这也就意味着，家庭美德教育除了要以家庭内部成员为主体、以家庭价值观为主要教育内容，同时还要使社会因素参与其中，发挥其辅助作用，从而对社会整体价值观的传播起到应有的作用。家庭是社会的基本单元，社会是由千千万万个家庭组成的。家庭美德教育不仅关乎家庭关系的调整，也关系到家庭成员与社会关系的调整，因此，良好的家庭教育有助于家庭成员更好地调整自身与社会的关系，帮助家庭成员在社会范畴内与其他社会成员建立良好的关系，在社会的发展中贡献正向的能量，这也是家庭美德教育的社会性所在。

第三，家庭美德教育的传承性。我国自古以来便非常重视家庭美德教育以及良好家风的传承。例如非常著名的《温公家范》《朱子家训》《庭训格言》等，许多珍贵的思想都蕴含在这些古老而又优秀的家训书籍当中，这些传统的家风家训尽管历经千年，依然在当代社会具有举足轻重的借鉴意义。家庭美德教育的传承性是家庭美德教育的一个特殊的特征。由于家庭是家庭美德教育的主要实施场域，不同家庭的家风家训往往可以深刻影响每个人的成长，在这种情况下，每个家庭中家庭美德教育所要传承的内容，都影响着家庭成员的思想和行为。

第四，家庭美德教育的长期性。家庭美德教育的长期性主要表现在两个方面：一方面，家庭美德教育的过程具有长期性。家庭美德教育并不是某个特定阶段的教育，而是个体从具备认知能力起便长期接受并贯穿整个生命历程的一种教育。另一方面，家庭美德教育的影响具有全面性，学生所接受的家庭美德教育，不仅影响着学生对于家庭的认知，还作用于学生处理家庭成员内部的情感关系及邻里关系方面。不难理解，家庭美德教育是调解家庭成员之间关系的，在人生的不同阶段，每个人在家庭中所扮演的角色是不同的。比如一名男性家庭成员，在年少时期在家庭中扮演儿子的角色；在青壮年时期在家庭中则扮演丈夫和父亲的角色。在这种情况下，家庭美德的教育一定是长期性的。因此，真正意义上开展家庭美德教育，不仅仅要通过学校教育，更多的还是以家庭为教育场域持续开展家庭美德教育。

二、大学生家庭美德教育的特点

大学生家庭美德教育的特点，可以归纳为如下几个方面。

1.大学生家庭美德教育具有跨时空性

由于目前绝大多数大学生选择的是住校模式，也就是说，大学生在就读以后，暂时性脱离了家庭生活。因此，在高校实施大学生家庭美德教育的时候，大学生所处的空间并不在家庭。这就造成了大学生家庭美德教育的时间和教育的空间并不一致，出现了跨时空性。对于绝大多数大学生来说，实施家庭美德教育的主体是高校教师而不是父母，而所讨论的问题则是家庭的问题。父母虽然没有在高校范围内直接参与家庭美德教育，却依然可以通过其他方式对大学生进行家庭美德教育，因此在对大学进行家庭美德教育的过程中家长并不缺位。例如，创造了"一门三院士"的梁氏家教，梁启超正是通过400余封家书从修养、读书、职业、理财、爱情等各个方面教育着9个子女，创造了满门俊秀的家教奇迹。家长也可以用各类先进的通信设备与大学生保持沟通，继续开展家庭美德教育。特别需要强调的一点是，对于大学生来说，虽然家庭美德教育是面向家庭生活的，但实施家庭教育的主体却是高校教师，在这种情况下，大学生家庭美德教育往往是以知识传授、讨论辩论的形式开展，大学生要将学到的家庭美德知识与以往的家庭生活相结合，通过知识的启发、现实的体验，才能更加深入地理解家庭美德的内容。

2.大学生家庭美德教育具有双向互动性

家庭美德的继承和发扬需要家庭成员的互动与合作。在家庭中，父母与子女是相互依存的，这种依存关系在家庭美德教育层面体现为：一方面，大学生从小就接受着父母润物细无声的影响，这种影响是初始的，也是持续的；另一方面，大学生自身的言行与观念也在与父母的交流和互动中无形地影响着父母甚至整个家庭的氛围与价值取向，也就是说，大学生既是家庭美德的践行者，也是家庭美德的传播者。一般情况下，大学生的自我意识、对待问题的看法也会随着年龄和阅历的增长而不断深化，家长在对子女进行家庭美德教育的过程中，要秉持着平等、耐心的态度，使得双方共同提升对家庭美德的理解度和认同度，不断丰富彼此对家庭美德的认知。因此，在大学生家庭美德教育中，大学生和家长互为师生关系，教学相长、共同进步，家长持续影响着大学生的思想与行为，大学生也给予家长一定的思想启迪，双方在不断交流和互动中共同营造出良好的家庭氛围。

3.大学生家庭美德教育具有合力性

高校、家庭、社会及大学生共同为大学生家庭美德教育提供了合力，促进了大学生家庭美德教育的开展。因此，在大学生家庭美德教育过程中，要高度重视全方位的教育资源，充分调动各方积极的教育因素，共同提升大学生家庭美德素质。

第二节　大学生家庭美德教育的内容研究

开展大学生家庭美德教育，首先要明确大学生家庭美德教育的具体内容，只有这样才能有的放矢地开展大学生家庭美德教育。一般来说，大学生家庭美德教育的内容主要包含以下几个方面。

一、慈孝教育的内容

慈孝教育的内容是传统的家庭美德教育的内容。慈孝文化是中华优秀传统文化的重要内容，也是中华优秀传统文化的重要标志。在重视家庭、重视亲情的中华优秀传统文化中，慈孝文化占据着重要的位置。古人云"孝为德之本"。作为处理亲情关系的基础性道德要求，慈孝教育一直都是我国传统家庭美德教育中的重要组成部分，其精髓亘古贯今、世代相传。慈孝作为不可或缺的最基本的家庭道德素养，要求大学生在当前及未来的家庭生活中做到上慈下孝。"慈"要求大学生具有宽厚、仁慈的意识，懂得如何在未来的家庭生活中以慈育人、以慈养德、严慈相济，从而为将来所要面临的婚育问题做好准备。而"孝"则要求大学生不仅需要有孝心，还要知孝法、践孝行。为人子女不仅要具备尊老敬老之心，还要了解如何去爱父母并落实在行动上。由此可见，慈孝教育作为大学生家庭美德教育的重要内容，为处理与父母关系、未来与子女关系奠定良好的基础。

二、婚恋教育的内容

婚恋美德的内容也是大学生家庭美德内容的重要组成部分。事实上，对于一个家庭来说，婚恋美德对于家庭的稳定具有重要的意义。很多家庭的和睦幸福，都是因为有着良好的婚恋美德支撑。同理，很多家庭的破碎，也是因为缺乏良好的婚恋美德。所以，家庭成员对于婚恋的正确解读对于一个家庭的稳固与和睦有着深远的影响。大学生正处于由青少年阶段逐渐过渡到成人阶段的过程中，他们对于恋爱与婚姻的看法在这一关键的人生转折点上显得尤其重要。大学生婚恋教育主要是根据当前社会对于婚恋的道德法律要求并结合大学生对婚恋的认知情况而针对大学生群体所展开的教育。我国传统道德在婚恋方面持相对保守态度，认为婚恋是人生中最为重要的事情之一，因此，大学生需要在婚恋对象的选择、婚后的家庭生活以及婚姻关系的维系等方面慎之又慎。由此可见，对于大学生来说，开展婚恋美德教育是对大学生未来生活的重要保障，对于大学生拥有良好的家庭生活具有重要的意义。

三、勤俭教育的内容

勤俭美德的内容也是大学生家庭美德教育的重要内容。勤俭美德是中华优秀传统文化中的宝贵美德，对于我们每个人来说都非常熟悉。勤俭作为我国优秀的传统美德，在许多流传至今的家规家训中均有所体现，是绝大多数家庭非常重视的家庭美德。在大学生家庭美德教育过程中，针对勤俭美德的教育需要注重以下两个方面：一是关于"勤"的培育应当注意在校内校外、家庭内外的实践活动当中进行渗透，使大学生在生活实践中养成勤劳意识，培养劳动能力，养成良好的生活习惯；二是关于"俭"的培育除了在课堂上引导大学生树立节俭的观念以外，还应落实到其日常生活中，使学生具备节约意识，在生活中节约粮食和资源，避免不必要的消费。当然，对大学生进行勤俭教育并不是要在学生心中植入贫穷和自卑的种子，而是要让勤俭教育走出课堂，融入大学生的实际生活中，使得当代大学生能够在生活实践中通过勤与俭来磨炼自己，培育高尚的品德，从而达到以勤育德、以俭养德的教育效果。由此可见，勤俭美德是基于家庭美德的一种个人修养，不仅是家庭美德的重要组成部分，同时也是个人品质的重要组成部分。

四、友善教育的内容

友善美德也是大学生家庭美德教育的重要组成部分。中华民族是一个提倡友善的民族，和和气气一直是中华民族家庭美德的重要内容，正所谓"家和万事兴"。友善是中华民族传统美德的基本要求之一，全社会都要重视友善教育，将其摆在道德教育的重要位置。对于当代大学生而言，接受良好的友善教育对其家庭美德的培养至关重要。友善教育虽不是直接向大学生传播家庭美德观念，但是通过培养大学生的包容意识、关爱意识、团结意识，能够使同学之间增进友情、和睦相处、互相帮助，建立起良好的友爱关系。这种友爱关系使得和谐友善的人际交往观植根于学生自身的思想观念中，进而渗透到家庭层面。由此可见，大学生具有了友善美德，对培养大学生的家庭美德至关重要，同时，大学生在家庭美德的滋养下也会逐渐形成友善的美德。

第三节　大学生家庭美德教育的价值研究

道德是一个人成长成才的必备要素。道德教育对于每个人的成长成才有着重要的价值。大学生家庭美德教育是大学生家庭美德形成的系统化教育，能够全面深入地提升大学生对于家庭美德的认识，帮助大学生提升家庭美德修养。大学生家庭美德教育具有多重价值，具体体现在以下几个方面。

一、有助于增强大学生的社会责任感

家庭不但是一个空间，同时也意味着责任和义务。通过家庭美德教育，大学生能更加深刻地领悟到爱的真谛。当代大学生往往在社会中扮演着不同的社会角色：作为家人、作为子女应承担起善待父母、友爱家人的责任；作为大学生又应承担起为未来生活做准备和积蓄学识与经验的责任。在中国数千年的历史中，家与国一直是相互依存的。"中国梦"的实现需要以每个人的"个人梦"和每个家庭的"家庭梦"的落实为基础，而大学生是国家和社会的未来，因此，家庭美德教育对于培育大学生的社会责任感具有十分重要的意义。通过大学生家庭美德教育来增强大学生的社会责任感，是提升大学

生社会责任感的重要路径，在传统文化中有"家国同构"的特点，人们也常说"家是最小国，国是千万家"，在这种思想的引导下，大学生家庭美德教育可以为大学生提升社会责任感提供帮助。

二、有助于家庭中优良家风的传承

家风是一个家庭或家族延绵不断传承下去的精神内核，是在家庭中占主导地位的风尚习惯，是家庭成员最初接触到的立身做人的行为准则。大学生家庭美德教育的开展对于家风传承的重要性是毋庸置疑的。同时，良好的家庭美德教育能够带动整个家庭形成一种自由平等、相亲相爱、同甘共苦、和谐友爱的氛围，这将有利于自身家庭优良家风的形成。由上可见，通过大学生家庭美德教育，可以丰富大学生的家庭美德知识，规范大学生的家庭美德行为，更有利于良好家风的传承，同时帮助大学生在未来的家庭中形成良好的家风，营造良好的家庭氛围，并将良好的家风传承下去。

三、有助于促进社会和谐氛围的营造

家庭的和谐程度直接影响全社会的和谐建设。大学生具备良好的家庭美德能够为其当前的家庭生活营造良好的氛围，从而为社会和谐打下基础。因此，对大学生开展家庭美德教育对于社会的和谐发展而言具有一定的推动和促进作用。由此可见，通过大学生家庭美德教育，让更多的大学生在良好家庭氛围的营造中起到积极作用，不但可以使家庭氛围得到提升，还可以进一步使社会氛围趋于和谐，营造良好的社会氛围，这也是大学生家庭美德教育的重要价值。

第四节 大学生家庭美德教育的问题分析

虽然家庭美德是中华优秀传统文化的重要组成部分，在我国的很多家庭中也得到了足够重视。但大学生家庭美德教育依然开展得不够深入和系统，使得部分大学生的家庭美德存在缺失，主要表现在以下几个方面，值得我们深思。

一、对长辈缺乏尊敬和关心

尊老爱幼是中华传统美德的重要组成部分，也是家庭美德的核心内容。

大学生中，出现了对长辈缺乏尊敬和关心的行为。尊敬长辈、赡养老人是中华民族的传统美德，是每一个家庭成员必须遵守的基本道德准则和行为规范。但很多大学生不记得父母及家中老人的生日，平时也对家中的长辈漠不关心，不少人已经习惯了以自我为中心，觉得长辈对自己的关爱都是理所当然的。这种现象充分说明大学生在对待长辈的态度上存在着一定的问题，这也反映了大学生在家庭美德方面的一种缺失。事实上，当代大学生对长辈缺乏尊敬和关心，也有其深刻的社会原因：一方面，目前大学生多数是独生子女，受到更多的关注和关爱，可以说是"集万千宠爱于一身"，在这种情况下，很多大学生缺乏关心他人的意识，没有意识到对长辈尊敬和关心的重要性，从而忽略了对长辈的尊敬和关心。另一方面，目前很多家庭中缺乏对长辈的关心和尊敬的意识，很多家长对于长辈的关心和尊敬往往做得不够，在这种情况下，大学生耳濡目染，也没有意识到对长辈关心和尊敬的重要性。

二、缺乏正确的婚恋观

众所周知，家庭是由婚恋产生的。因此，家庭成员是否有正确的婚恋观，对于家庭的稳定至关重要。夫妻关系作为家庭关系的核心，直接影响着整个家庭的和谐与安定。俗话说"家和万事兴"，和谐良好的家庭关系是一切伦理道德的关键。大学生正处在将要面对婚姻的关键时期，树立正确的婚恋观、处理好复杂的情感有利于大学生身心的健康成长。很多大学生在婚恋方面采取非常随意的态度，表示可以接受"闪婚闪离"，这也使得当前年轻人的婚姻危机大量出现。随着大学生价值观念多元化趋势的发展，婚恋观也受到功利主义的影响，表现出实用性和功利性，婚恋观不以感情为基础，而看重恋爱对象是否有利于自身的需求和发展。同时，部分大学生在感情方面不够自爱和自律，任性而冲动，缺乏责任感，并不以纯洁的感情、共同的追求、相互的信任和责任为内容，缺少专一性、持久性和道德性。当然，也有些大学生在恋爱过程中把感情放在生活的最高位，不仅忽视了亲情和友情，更对学业和工作造成了影响，这样的婚恋观会直接影响到个人正确人生目标的树立，过于看重感情的位置，虚度光阴，一旦感情失败，就容易产生悲观厌世的不良后果。特别需要强调的是，随着时代的发展，各种思潮进入互联网，很多大学生受互联网信息的影响，婚恋观较为混乱，部分大学生对待感情问题不够严肃，也不够专一，往往抱着玩弄感情的态度来进行恋爱，这样不仅无法走进婚姻的殿堂，也会给自己和他人造成更多的伤害，近些年来，因为感情纠葛产生的大学生的悲剧层出不穷，这也是目前大学生群体需要注意的问题。由此可见，在未来大学生的恋爱和婚姻中，树立正确的婚恋观是极其重要的事情。

三、亲情关系淡漠

大学生的亲情观念受着社会各界多方面消极因素的影响，亲情意识越来越淡漠。随着社会化程度的提高，人与人之间本身就缺少沟通和理解，随着网络功能的日益强大，当学生整天沉溺于虚拟空间，不愿意与自己的亲人进行感情的交流和面对面的沟通，亲情意识越来越淡漠。大学生亲情关系淡漠，造成的危害是显而易见的。一方面，由于大学生亲情关系淡漠，大学生与父母以及亲属沟通较少，互相难以达到沟通和关心的效果，难以营造出温暖的家庭氛围。另一方面，由于大学生亲情关系淡薄，在心理和情感上也很难得到家庭的关心和帮助，对大学生自身的心理健康也是十分不利的。目前来看，很多大学生性格孤僻，可能存在一定的心理问题，这与大学生亲情淡漠有一定的关系。

四、邻里关系疏远

我国自古以来就很重视邻里关系，俗话说"远亲不如近邻"，团结和谐的邻里关系有助于人们身心健康而更加精神饱满地去对待学习和工作。当代大学生在亲身体会到信息时代给生活带来便利的同时，缺少与人沟通的习惯和热情助人的态度，对邻里之间缺少基本的信任，在一定程度上也使邻里关系变得疏远。造成大学生邻里关系疏远的原因，主要有以下两个方面：一方面，城市生活节奏加快，以高楼居住为主，邻里之间的沟通较为困难。另一方面，电子设备的使用占用了人们大量的精力，失去了很多沟通的机会。但无论如何，大学生都应该和睦邻里，处理好邻里关系。

第五节　大学生家庭美德教育的路径拓展

虽然大学生的教育以学校教育为主，但由于大学生家庭美德教育的特殊性，单单依靠高校教育很难完成。因此，大学生家庭美德教育依然要依靠家庭教育的路径、高校教育的路径和社会环境影响的路径，在具体实施的时候，可以在原有路径的基础上适当拓展，以提升大学生家庭美德教育的实效性。

一、大学生家庭美德教育的开展要发挥家庭教育的优势

大学生家庭美德教育要发挥家庭在情感沟通、身教言传、生活实践与家风传承中的优势。其一，大学生家庭美德教育要注重家庭的情感培育。家庭应注重在平等、尊重、理解、关爱等原则下，自觉增强夫妻、长幼、亲子、邻里之间积极文明、健康真挚情感的沟通与培育。其二，大学生家庭美德教育要注重家长的身教言传。家长自觉践行孝老慈幼、夫妻互敬互爱、长幼友爱相携、邻里团结互助等家庭美德，积极营造与维护人伦和美、家风雅正的家庭环境，为大学生树立示范效仿的榜样。其三，大学生家庭美德教育要注重日常生活践履。家庭美德需要注重现实生活的实践涵养，通过一系列相对具体的规范和仪节，将家庭美德贯穿于家庭家务分工、交流互动、起居饮食、社区参与、问题商议等一系列具体的生活实践当中。其四，大学生家庭美德教育要注重家风的传承熏陶。家长可通过在日常生活或节日、纪念日等特定时间与场合，通过家庭仪式等方式，增强大学生对于家庭美德的认同。在通过家庭教育开展大学生家庭美德教育的时候，更多要发挥家庭教育的隐性教育功能，通过潜移默化的影响来帮助大学生践行家庭美德，通过体验和感悟强化对家庭美德的认识，提升大学生的家庭美德素质。

二、大学生家庭美德教育的开展要发挥高校教育的作用

高校是大学生道德教育开展的主要场所。高校开展大学生家庭美德教育要从以下几个方面着手。其一，高校要通过教学工作，发挥高校课程教学的优势，特别是高校要通过高校思想政治理论课中的"思想道德与法治"课程，对大学生进行家庭美德的系统教育。针对家庭美德教育的一些特殊问题，高校也可以组织相关的讲座来解决。其二，在校园文化建设中，高校要加入家庭美德的内容，比如举办以家庭美德为主题的校园活动，加强以家庭美德为主题的校园宣传，也可以邀请家长来学校做客，与大学生一起活动，拉近学校与家庭的距离。其三，高校可以开展各种实践活动，以家庭美德为主题，在实践活动中对大学生进行家庭美德教育。事实上，大学生只有通过

主观努力和亲身实践，在学中做，在做中学，不断增强自我教育、自我完善、自我激励的能力，慎独自律，防微杜渐，才能实现提高大学生家庭道德素质的目的。比如，高校应积极组织大学生参加家庭美德的宣传活动普及家庭美德规范、传播文明新风；高校教师应指导大学生勤俭以励志、勤俭以养德，倡导勤奋、严谨、求实、创新的学风，教导大学生尊重父母的劳动成果，体谅父母的辛苦操劳，搞好邻里团结，做到尊师爱友，以实际行动推动家庭美德建设。特别需要强调的是，高校开展大学生家庭美德教育，不仅要强化大学生家庭美德的知识教育，还要加强大学生对家庭美德的思考，更要帮助大学生加入到家庭美德的践行中来，让大学生更加深刻地体验家庭美德的价值。

三、大学生家庭美德教育的开展要突出环境熏陶的价值

环境熏陶对于大学生家庭美德的培养也有着积极的意义，因此要突出社会环境熏陶的价值，通过社会环境的熏陶，帮助大学生养成家庭美德。其一，要充分发挥网络平台的道德构建功能，广大媒体要积极发挥其对大学生的价值引领功能，对引发社会关注与热议的家庭道德议题积极发声，传递向上、向善、亲情、责任、学习、公益等家庭理念。其二，要充分发挥家庭美德榜样的示范引领作用，使大学生见贤思齐，努力提升自身的家庭美德素质。其三，要发挥制度在家庭美德培育中的规范、引导、教育功能，增强大学生关于婚姻家庭法律法规及相关政策的学习与理解，以制度教育强化大学生对家庭美德的贯彻。营造大学生家庭美德教育的良好环境，需要各个方面的综合努力，形成大学生家庭美德教育的合力，给予大学生持续的教育影响，只有这样，大学生才能自觉接受家庭美德教育的熏陶，不断提升家庭美德素质。

第八章

大学生个人品德教育研究

个人品德代表一个人的基本品质，是一个人重要的特征。无论在个人成长中，还是在社会交往中，个人品德都起到了重要的作用。在中华优秀传统文化中，个人品德是个人极其重要的素质，也是评判一个人好坏的重要标准。大学生个人品德是大学生道德体系中的基本内容，但长期以来，由于个人品德从小开始强调，被人们认为是老生常谈。因此，在大学生道德教育中，个人品德教育往往被忽视。实际上，对于大学生来说，个人品德具有丰富的内涵和重要的实践意义，对于高校教育来说，重视个人品德培养对大学生的成长成才至关重要。

第一节　大学生个人品德的内涵研究

个人品德是大学生重要的标签，也是大学生自身修养的重要内容，良好的个人品德会使大学生获得很高的赞誉，赢得良好的口碑；与之相反的是，不良的个人品德则会使大学生的声誉扫地，对大学生与人交往以及求职择业产生不良影响。大学生个人品德对大学生成长成才的重要性毋庸置疑，提升大学生个人品德，首先要了解大学生个人品德的内涵。

一、大学生个人品德教育的含义

大学生个人品德教育就是针对大学生个人品德进行的道德教育。显然，开展大学生个人品德教育，首先要清楚地认识什么是大学生个人品德。理解个人品德的含义和特点是理解大学生个人品德教育的关键。

1.个人品德的含义

从概念来说，个人品德是一定社会或阶级的道德原则与规范在个人思想和行为中的体现，是一个人在一系列的道德行为中所表现出来的比较稳定的特征和倾向。个人品德为个体思想素质和道德品质的总和，展现出一个人整体的道德面貌。总的来说，个人既是道德行为规范选择的主体，也是道德规范的践行者，所以，个人品德即一定社会、时代和阶级的道德观念和道德准则在个体思想和行动中的体现，是个体主观道德认识与客观道德行为、自律与他律的统一。理解个人品德的概念，我们可以从以下几个方面入手。其一，个人品德具有一定的时代性，与时代背景息息相关，反映了时代对个人的要求，也反映了地域文化和民族文化的烙印。其二，个人品德具有明显的规范性，要符合整个社会的法律规范，符合社会的公序良俗，能够为社会的发展提供正向的能量。其三，个人品德是一个人比较稳定的形象和特质，在大多数情况下，个人品德通过一个人的言行体现。其四，个人品德是思想素质和道德品质的结合体，体现了一个人对道德的认知和践行的水平。

2.个人品德的特点

个人品德是一个人基本的品性特征，同时，也是一个人道德修养的基本表现。一般来说，个人品德的特点包括以下几个方面。

第一，个人品德具有个体性。个体性主要是指个体将外部一定道德规范转化为自身德性过程中体现的自觉性、主动性与自主性。同时，个人品德的个体性还表现为个体参与道德实践活动以及对自身道德行为负责的不可替代性。一个人有着一个人的品德，个人品德是每个人独具的特质，也就是说，个人品德具有独特性的特征。每个人的个人品德均与其他人不同，虽然在基本规范上相似，但也有着属于自己的特色。人们通过将道德规范自觉转换为道德思想、自主指导其实践行动、主动判断行为对错，来体现个人的品德，使个人品德打上了个人的深深烙印。

第二，个人品德具有主体性。主体性要求个人要自觉选择并主动遵守道德原则，成为自身立法的道德主体，而不是成为单纯合乎道德规范的客体。对于个人品德来说，外部的教育和影响固然重要，可以为个人提供品德修养的基本资源，但真正对个人品德起作用的是个人的主观能动性，只有努力改造自我，才能够具有提升个人品德的动力；只有不断地自我陶冶，才能对个人品德的提升有所感悟；只有不断地自我培养，才能不断提升个人品德的水平。

第三，个人品德具有稳定性。个人品德不是人先天就有的品质，而是在一定的社会历史条件和文化环境下逐渐内化形成的。个人品德一经形成，就会表现为比较稳定的倾向，为个体某一时期甚至终生的行为举止提供坚定的内在指引。个人品德的稳定性使得个人品德在每个人的成长成才过程中显得非常重要。因为个人品德的稳定性，个人品德往往成为一个人一生行事的基本依据和基本标准。事实上，个人品德之所以表现出稳定性，主要有以下两个原因：一方面，个人品德是每个人不断选择的结果，因此，在个人品德形成的同时，也形成了与个人品德相匹配的价值观。另一方面，个人品德是不断实践积累的结果，因此，对于每个人来说，其个人品德也经得起实践的检验。

第四，个人品德具有系统性。个人品德不是几个道德心理素质的简单叠加，而是个体知情意信行的综合体现，是一个有机的系统。个人品德的系统性还体现为与社会公德、职业道德、家庭美德共同构筑了道德建设的基本框架。个人品德具有系统性的特征，因为个人品德是一个人道德的综合，更是一个人道德修养发展的基础。对于一个人来说，有了良好的个人品德，才能在此基础上进一步发展职业道德、社会公德和家庭美德，才会根据社会的发展，不断接受新的道德类型，完善和丰富自身的个人品德，比如具有良好个人品德的人，更容易接受生态道德和网络道德等新的道德类型。

第五，个人品德具有实践性。个人品德毫无疑问是一种抽象理论，但个人品德存在的价值是现实的，个人品德的实现路径是通过个体身体力行地践行实现的，个人品德的形成和巩固离不开社会实践活动。同时，个人品德磨炼和修养的结果，也只能在具体的社会实践中得到检验。由此可见，实践是个人品德的表现，也是个人品德的价值所在，只有通过自身的个人实践，才能够体现个人品德。在大多数情况下，一个人的个人品德，往往是根据一个人的实际表现来判断的。因此，谈到个人品德的时候，不能忽略社会实践，要将具体的社会实践与一个人的个人品德联系在一起进行综合评估，才能发现个人品德中的优势和不足，逐步完善个人品德。

二、大学生个人品德教育的特点

大学生个人品德教育是大学生道德修养的重要组成部分，对于大学生个人品德的培养具有重要的意义。大学生个人品德教育有其自身的特点，具体来说分为以下几个方面。

1.大学生个人品德教育具有系统性

大学生个人品德教育是系统的过程。大学生个人品德教育的主体既包括社会、高校、家庭，也包括进行自我品德教育的大学生；大学生个人品德教育客体是指大学生；大学生个人品德教育的介体就是品德教育的内容和方法；大学生个人品德教育环体是品德教育环境，主要包括社会环境、学校环境和家庭环境。学生个人品德教育的主体、客体、介体、环体，组成了一个教育的体系。由此可以看出，开展大学生个人品德教育，要充分调动大学生个人品德教育系统的各个要素，协调各个要素之间的关系，最大程度地发挥各个要素的作用。因此，在开展大学生个人品德教育的时候，要注重大学生个人品德的系统性。要将大学生个人品德教育作为一个系统来看待，要对大学生个人品德教育进行全面统筹规划，积极调动各方面的积极因素，形成合力，共同开展大学生个人品德教育。只有这样，才能通过各方合力，以及各方的优质教育资源，全面提升大学生的个人品德水平。

2.大学生个人品德教育具有开放性

大学生个人品德教育不是封闭的，而是一个与外界有着紧密联系的开放系统。一方面，大学生个人品德的发展受到社会发展的制约，所以大学生个人品德教育的内容应与社会发展的要求相结合，因此，大学生个人品德教育要不断丰富具有时代特点的内容，从而做到与时俱进。另一方面，大学生个人品德教育不能局限于高校，而应该调动更多的教育资源和力量，让高校、社会、家庭和大学生都参与进来。对于大学生个人品德教育的开放性，可以从以下两个方面加深认识：一方面，要充分认识到大学生个人品德的形成与社会发展息息相关，不能脱离社会环境和时代背景来孤立地看待大学生个人品德的形成，要高度重视大学生个人品德的形成与时代发展的关系，要明白社会背景对大学生个人品德的影响，只有这样才能正确看待大学生个人品德的形成，选择有效影响大学生个人品德形成的方式方法。另一方面，虽然大学生教育的主体是高校，但高校毕竟不是万能的，对于大学生个人品德的形成来说，仅仅高校参与教育工作是不够的，还需要联系更多的教育主体，比如家庭、社会以及大学生，共同参与到大学生个人品德教育中来，通过多主体的协作努力，共同开展大学生个人品德教育。

3.大学生个人品德教育具有实践性

大学生个人品德教育的实践性主要表现在其教育目标和教育方法上。大学生个人品德教育的目标是培养大学生形成良好的个人品德，养成良好的行为习惯。考核其目标是否实现，取决于大学生在日常生活学习中能否自觉践行品德规范。如果大学生经过个人品德教育，却没有将对个人品德的认知转化为个人品德的行为，那么大学生个人品德教育也就失去了价值。同样，无论是社会、家庭，还是高校，在开展大学生个人品德教育的时候，都离不开具体的实践活动。由此可见，实践活动是大学生个人品德开展的必备要素。大学生个人品德教育的实践性，体现在大学生个人品德教育的方法和应用上。对于大学生个人品德教育来说，不能像对待理论教学一样采取教授式的教学方式，因为大学生个人品德教育的重点并不是普及知识，而是帮助大学生形成良好的个人品德观念，规范自身的行为。同时，对于大学生个人品德教育来说，考察大学生个人品德优劣的关键在于大学生的实践行动，而并不是大学生掌握个人品德知识的多少。

4.大学生个人品德教育具有长期性

大学生个人品德的形成与发展是品德认知、品德情感、品德意志、品德信念和品德行为各要素相互作用、相互影响的过程。各个要素由不均衡到均衡，由知行不一到知行合一，最终形成个体稳定的品德行为，需要一段很长的时间。再者，社会环境带来的负面影响、高校个人品德教育的滞后、家庭品德教育失当、大学生主观需要的缺失，都给大学生个人品德教育带来极大挑战。同时，整合大学生个人品德教育各要素，使各要素之间协调统一，高校、家庭和社会形成合力，共同作用，也是一个持续的、长期的过程。因此，大学生个人品德教育并不是一蹴而就的教育活动，而是漫长的教育过程。高校应该充分认识到大学生个人品德教育的长期性，在大学生的学习生涯中，有目的、有计划地对大学生持续施加教育影响，帮助大学生逐步提升个人品德，使大学生的个人品德不断获得进步。

第二节　大学生个人品德教育的内容研究

大学生个人品德内容较为宽泛，从广义上来说，几乎涵盖了大学生全部的道德内容。而从狭义上来讲，大学生的个人品德内容，主要体现在大学生的基本价值观和基本的思想取向，是其他道德形成的基础。个人品德的内容非常丰富，对于大学生的成长成才非常重要，因此在进行大学生个人品德教育的时候，既要保持教育内容的全面性，也要有一定的侧重点。大学生个人品德教育的主要内容有如下几个方面。

一、爱国奉献

爱国奉献是大学生个人品德教育的重要内容。爱国简单说就是热爱自己的祖国，它反映的是个人与祖国的关系。对于大学生而言，既要有天下为公的家国情怀，也要有以人为本的人文关怀，要将爱国作为自己的立身之本、成才之基。爱国和奉献就像一枚硬币的正反两面，一个人的内心有爱国的职责，才会对国家产生奉献意识。奉献意识是中华民族的优良传统，是一种传承几千年的美德，是一种将自觉主动、不求回报的付出视为幸福和快乐的信念，是大学生对当代个人价值和社会价值的科学认识，是一种内在精神力量，体现着大学生对未来美好生活的向往。奉献精神敦促人们将爱国之情切实落实到生活中来，促使人们积极投身到中国特色社会主义建设事业中去。爱国奉献是大学生个人品德教育的首要内容，指引大学生培养对国家的奉献精神，为大学生实施爱国行为提供强大的动力支撑。在大学生个人品德教育中加入爱国奉献内容的时候，要区别于爱国主义精神教育，要从大学生个人成长角度开展爱国奉献教育，要把爱国和奉献紧紧联系在一起，要让大学生明白，爱国是一种深沉的情感，是一种高尚的信念，是每一个国人必须履行的责任和义务。同时，也要让大学生懂得，爱国的最佳途径是奉献，只有为祖国奉献青春、奉献汗水、奉献聪明才智，建设美丽富强的祖国，才是真正的爱国。

二、明礼遵规

明礼遵规是大学生为人处世的基本品德。礼仪是人类所独有的道德品质，是一种文化，更是一种规范，与礼仪这种文化软约束相反的是法律法规这种硬约束。中华民族注重礼仪和规矩，自古就有重礼、守礼、行礼、讲礼、遵礼的自觉意识。在现代社会，法律是规范社会行为、维系社会秩序的强制手段，遵纪守法是大学生个人品德在制度上的体现。法律是成文的道德，道德是内心的法律，一个是刚性的行为规范，一个是柔性的价值理念，明礼遵规作为软硬兼施、标本兼顾的个人品德教育内容，能刚柔并济发挥好道德与法律的协同育人功能，内外有效结合促进大学生个人品德的提升。因此，对大学生进行明礼遵规教育尤为关键，将明礼遵规融入大学生的日常教育中，有助于提升大学生的品德修养，展现大学生的人格魅力，促进大学生形成健康的人格，为国家培养具有社会意识和责任意识的高素质公民。加强思想和行为的规范，是大学生个人品德教育的重要内容，特别是在大学生行为规范方面，个人品德教育更是起着重要的作用。一方面，加强大学生个人品德教育，要让大学生注重礼仪，做到知礼仪、懂礼貌，能够以规范的行为对待每一个人，处理社会关系，更好地融入社会，做一个有礼貌的人。另一方面，加强大学生个人品德教育，还要充分联系法治教育，让大学生知法懂法学法用法，为法治中国建设作出更大的贡献，做一个遵纪守法的好公民。

三、勤劳善良

勤劳善良是个人品德的现实表现。中华民族是勤于劳动的民族，视勤劳为安身立命之本，"克勤于邦，克俭于家""民生在勤，勤则不匮"是古代中华传统美德的真实写照。大学生的勤劳敬业主要体现在以学习为首要任务。在校园里，学生要敬的业，就是学业，通过勤学不断提升自身能力，为实现自己的人生理想打下牢固基础。同时，大学生要弘扬工匠精神，继承勤劳的传统美德，为日后各个行业的发展注入生机与活力。如果把"勤劳"当作是对待事的态度，那么"善良"表达的则是对人的态度。中华民族历来强调为人处事心存善良，讲究与人为善。善良是大学生的基本素养，决定着大学生是否能够遵守社会道德规范。目前来看，大学生多数具有善良的品质，很多大学生都富有同情心，这也是建设和谐社会的重要思想基础。总的来说，勤劳、善良是大学生个人品德的重要表现，大学生应该在学习上孜孜不倦、刻苦钻研，在生活中与人为善、保持善良。勤劳善良是大学生个人品德教育的重要内容，也是大学生个人品德的重要体现。一方面，勤劳是中华民族的传统美德，也是大学生成就未来事业的重要品质。有了勤劳的品质，大学生就能够不畏艰难、兢兢业业，在各条战线、各个岗位上实现自己的价值，为社会创造财富，为中华民族的伟大复兴贡献力量。另一方面，善良是一个人的基本素养，也是大学生的基本操守。大学生养成善良的个人品德，不仅可以促进自身成长，而且可以和谐社会关系，为社会的发展作出更大的贡献。反之，如果大学生不具有善良的个人品德，很可能妨碍自身发展，对社会关系造成危害。

四、宽厚正直

宽厚正直是大学生个人品德的基本属性。宽厚也就是宽容厚道，对于中华民族来说，宽厚代表着包容精神和广阔胸怀。中华民族历来强调要严于律己、宽以待人，能够接受与自己不同的思想观念、习惯信仰，这正是宽厚的一种体现。对于大学生来说，宽厚的品德更多依赖感情的作用，越能做到移情共感，其宽厚品德就越突出。正直往往指一个人的言行坚持原则与规范，意味着在各种情况下都能够坚守正义、坚持原则，对错误言论敢于发声，敢作敢为、不畏强势。大学生应当培养自己的正直感，塑造良好而积极的道德情感，坚守自我内心的道德信念。宽容和正直是相互制约的两个方面，对于大学生来说，既要坚持宽容，也要保持正直，不能无条件地宽容。宽厚正直是一种优秀的个人品德，也是大学生所追求的优秀的个人品德。在中华优秀传统文化中，宽厚正直作为重要的个人品德被广为传颂。一方面，大学生个人品德教育要强调宽厚的教育内容。宽厚是一种美德，是对他人的悦纳，有利于和谐社会关系，促进社会的发展，营造良好的社会氛围。因此，大学生个人品德教育要加强宽厚教育，帮助大学生形成宽厚的品德。另一方面，大学生个人品德教育要强调正直的教育内容。正直是宝贵的个人品质，拥有正直的个人品德的大学生可以在未来的生活、学习、工作中，避免各种错误和诱惑，始终走在正确的道路上。同时，正直的个人品德也是建设公平正义社会的需要，大学生作为未来的建设者与接班人，应该拥有正直的个人品德。

五、自立自强

自强就是一种奋发向上的精神状态，是一种不断提升和完善自我、积极进取、努力克服困难的人格特质。大学生正处于蓬勃发展的时期，应当勤勉不懈、奋发进取，积极主动追求进步，以期在将来有所作为。如果说自强是大学生战胜自我、持之以恒的关键，那么自律则是自我完善、自我约束的手段。自律能够约束和控制自我行为，自觉主动地作出道德行为，不仅在大学生的学习上发挥着至关重要的作用，也在生活上起着不可替代的作用，比如在时间上的约束作用、在社交上的选择作用、在消费上的警示作用等。大学生自立自强品德的形成是一个长期的过程，需要不断加强自我修养，特别是通过不断练习，形成习惯而得以完成。自立自强也是大学生个人品德教育的重要内容。一方面，大学生个人品德教育要强化自立的内容。目前来看，当代大学生缺乏自立的个人品德，这与城市化的生活方式和独生子女的生活环境相关。因此，大学生个人品德教育更要重视大学生自立品德的养成，培养大学生摆脱各种依赖、独立处理各种事情、独立面对生活中各种难题的能力。另一方面，大学生个人品德教育要强化自强的内容。大学生个人品德教育要以自强为目标，为大学生的奋斗注入动力，培养大学生的自律和韧劲，让大学生为了实现目标而积极努力。

第三节 大学生个人品德教育的价值研究

由于个人品德教育比较常见，因此，对于大学生个人品德教育的价值研究长期以来一直被忽略。实际上，良好的个人品德对于大学生的成长成才很重要，这已成为社会各界的共识。具体来说，大学生个人品德教育的价值主要体现在以下几个方面。

一、大学生个人品德教育有助于完善大学生个体人格

人格是指一个人的品格、品质、道德水平等。大学生个人品德教育的首要任务就是塑造大学生完美的人格，使大学生形成高尚的精神境界和健康良好的心理品质。在大学生个人品德的教育过程中，帮助大学生形成普遍的、完美的道德人格。大学生道德人格促进大学生养成高度的道德自觉性和正确的道德观，为大学生人格的完善提供动力、指明方向。高校应该充分重视大学生个人品德教育在完善大学生个体人格上的重要价值，将大学生个人品德教育作为完善大学生个体人格的重要渠道，通过强化大学生个人品德教育，进一步完善大学生个体人格。

二、大学生个人品德教育有助于落实高校立德树人根本任务

立德树人教育思想是我国高校教育的根本任务和中心环节。高校将个人品德教育系统地贯穿于育人的全过程，不仅有利于提升大学生自身文明素养，也将进一步促进高校思想政治教育工作高质量发展。由此可见，大学生个人品德教育是高校德育建设的重要基石，良好的个人道德品质是个体全面发展的基础，也是营造崇德向善校园氛围的内在推动力。高校应该重视大学生个人品德教育在落实立德树人根本任务方面的重要价值，明确大学生个人品德教育的基本意义，发挥大学生个人品德教育的基础性作用，在夯实大学生个人品德的基础上，打好大学生道德的底子，进一步开展高校立德树人工作。

三、大学生个人品德教育有助于推进新时代公民道德建设

加强公民道德建设，提高公民文明素养，最终要落实到公民个人品德的

养成上。大学生是社会主义现代化建设的主力军和接班人，他们的品德状况直接影响社会整体道德水平的高低，大学生个人品德教育对于公民道德建设起到基础性的作用。因此，新时代要加强大学生的个人品德修养，从而推动新时代全民道德素质和社会文明程度达到崭新的高度。由上可见，高校应高度重视大学生个人品德教育在推进新时代公民道德建设方面的重要价值，将新时代公民道德建设与大学生个人品德教育联系起来，通过每个个体品德的提升，来实现新时代公民道德建设的全面提升。

第四节　大学生个人品德教育的问题分析

虽然大家对个人品德的重要性达成了普遍的共识，但是在大学生个人品德教育的过程中，还存在着一定的问题，影响了大学生个人品德教育的开展。目前来看，分析大学生个人品德教育存在的问题，首先要明确目前大学生个人品德存在的问题有哪些表现。

一、大学生个人品德存在的问题

虽然个人品德对于大多数人来说都非常熟悉，学校和家庭也较为重视，但对于部分大学生来说，其个人品德仍然存在着一定的问题，影响着大学生的成长成才之路。

1. 在奉献方面有待加强

奉献是大学生在处理集体与个人关系时应当持有的道德精神。一般情况下，大学生应当强调不计较个人利益、大公无私，为社会、集体、他人服务。实际上，大学生的奉献精神不能仅仅停留在思想层面，更主要的是要落实到行动之中。但从目前情况来看，少数大学生的奉献精神较为匮乏，还有一部分大学生虽然具有奉献精神，却不能将其落实到实际行动中。这使得部分大学生不能很好地履行奉献的个人品德，难以为集体贡献力量。究其原因，主要有以下两个方面：一方面，部分大学生不能理解奉献的重要价值，没有形成奉献的品德，对奉献的品德不屑一顾。另一方面，部分大学生受各种有害观念的影响，养成了自私自利的价值观，影响了奉献品德的形成。

2. 在明礼遵规方面有待提高

没有规矩，不成方圆，明礼遵规是个人品德的重要组成部分。"明礼"

是有着深厚传统的道德规范；"遵规"即明晰规矩、遵守规矩，是华夏儿女几千年来共同的行为准则和道德规范。部分大学生对明礼遵规的践行不到位，不能较好地自觉遵守公共生活中的"软规则"；部分大学生不能较好地主动遵守网络道德规范；还有部分大学生由于对明礼遵规的认识不足，缺乏明礼遵规的严谨性，从而导致其现实与网络中的遵规行为存在一定的缺失。究其原因，主要有以下两个方面：一方面，部分大学生从小并没有得到良好的个人品德教育，没有形成良好的道德习惯，也没有规范的道德行为，影响了明礼遵规品德的养成。另一方面，部分大学生受不良思潮影响严重，追求所谓的绝对自由，对各类道德规范和礼仪规范不屑一顾，影响了明礼遵规品德的养成。

3.在正直方面有待完善

正直，即正义行事、坚持原则，是对大学生根本的道德要求，要求大学生应坚定信念、清正端直，又要公平正义、坚持原则。正直的品格是大学生立身之本、做人之要，是大学生都应谨守的品德价值观。目前来看，部分大学生对正直品行在思想上不认同，在行动上不践行。具体表现为，部分大学生对正直品德的践行缺乏稳定性和自觉性，不能很好地根据正直之德自觉地调节自己的行动，不能长期稳定地坚定正直的信念，容易随波逐流。究其原因，主要有以下两个方面：一方面，部分大学生缺乏对正直品格的认识，没有有意识地培养自身的正直品格，因此也很少作出正直的行为。另一方面，部分大学生受不良思潮的影响，不能坚持公平正义，也不能坚持原则，变得见风使舵、唯利是图，因此很难形成正直的品格。

4.在自强自律方面有待提升

社会整体道德水平的提升要依靠每个人力量的发挥，而个体品德进步的关键就在于强化每一个道德主体的自强自律品质。然而，部分大学生认为只有少数同学具有自强自律的品德意识，说明大学生整体自强自律的意识较为缺乏，部分大学生不能较好地认同自强品德素养的价值。深入考察大学生的自律践行状况，可以发现大学生对于自律的个体品德的践履缺乏稳定性，不能坚持自律，不能长期严格约束自我。自强自律方面的提升，不仅要加强大学生对于自强自律的认识，还要加强大学生的耐力和韧性，提升大学生做事的毅力，才能够在实践中体现出自强自律。

二、大学生个人品德教育的问题

大学生个人品德教育在一定程度上能够顺利开展，但是具体来说，依然存在着以下几个问题。

1.大学生个人品德教育理念不明确

大学生个人品德教育是围绕培养具有优秀品德之人以及怎样培养而开展的。"以人为本"的教育理念就是要求开展个人品德教育工作时，必须坚持以大学生为本，以大学生为教育主体，充分考虑大学生的个体差异，有针对性地实施教育。然而在现实生活中，大学生个人品德教育目标停留在宏观层面，谈及人的价值和人的主体地位时，普遍强调个人对社会的贡献，忽略了个人在社会中应当享有的权利，从而导致教育疏远人、背离人，甚至束缚人。这就要求高校教师转变观念，反思现有教育理念中不合理的地方，积极探索如何创新现有教育理念，确立适应时代发展要求、弘扬人的主体性、凸显主体意识的新教育理念。由于大学生个人品德教育理念的相对滞后，使得大学生个人品德教育很难说服大学生，从而影响了大学生个人品德教育的效果。

2.大学生个人品德教育内容单薄

大学生个人品德方面的教学内容主要以伦理学思想为主，包含传统文化、心理知识、意识形态、法律基础，内容较为全面，但对大学生个人品德教育的针对性不够。实际上，大学生个人品德教育内容应该包含三个层次：健康素质、科学文化素质和思想道德素质。其中，健康素质是前提，科学文化素质是基础，思想道德素质是根本。而现有大学生个人品德教育，往往倾注于基本道德品质教育，忽略了学生的心理素质和其他需求，极其单薄。此外，大学生个人品德教育内容与实际生活缺乏有机联系，以严密的知识体系结构呈现，注重概念、特点、意义等内涵阐述，缺乏生活的情景性和生动性，使大学生个人品德教育效果大打折扣。由于大学生个人品德教育在健康素质和科学文化素质方面的缺失，使得综合性很强的个人品德教育成为简单的道德知识教育，使大学生个人品德教育的效果大打折扣，也使大学生个人品德教育失去了吸引力。

3.大学生个人品德教育方法单一

在大学生个人品德教育实施方法上，高校仍以课堂理论灌输为主，忽视其他教育途径。目前，大学生个人品德培养主要通过高校思想政治理论课展开，这样容易造成孤立的、单一的教学渠道，影响大学生个人品德教育的效果。而且，大学生个人品德教育方法单一，无法激发大学生的学习动力与热情，也影响了大学生的自我考量。由此可见，过于单一的教学方法，不能从根本上使大学生树立正确的个人品德观念。在这种情况下，大学生个人品德教育显然是低效的。由于大学生个人品德教育在教学途径和教学方法方面的单一，使部分大学生对于个人品德教育兴趣不高，这也使得大学生个人品德教育并没有提供给大学生足够的参与感和获得感，使大学生与个人品德教育之间没有建立良好的联系，影响了大学生个人品德教育的效果。

4.高校教师与大学生缺乏深度沟通

从事大学生个人品德教育工作的教师主要有高校思想政治理论课教师、专职德育工作者，如辅导员、班主任。高校思想政治理论课教师在课堂上向大学生传授理论知识、社会主义意识形态、价值观念和道德规范等内容，以此开展个人品德教育。但目前高校思想政治理论课教师普遍承担繁重的教学、科研任务，缺乏足够的时间和精力与大学生进行细致的沟通和交流，难以解决其在实际学习、生活中遇到的问题和困惑。同样，专职德育工作者平日工作琐碎、繁杂，只能顾及大学生的日常管理，在一定程度上无法有效引导和约束大学生的品德行为。由于在大学生个人品德教育的过程中师生之间的沟通有限，使得大学生个人品德教育没有解决大学生个人的品德问题，这就使得大学生个人品德教育变得宽泛化，没有针对性，也就无法充分释放大学生个人品德教育的功能。

5.大学生知、情、意、信、行矛盾突出

绝大多数大学生有正确的个人品德认知，在爱国守法、明礼诚信、孝敬父母、乐于助人、勤俭节约、积极进取等基本道德要求方面有着正确的理解。但在实际生活中，大学生却出现知、情、意、信、行之间的矛盾。其一，品德认知的困惑表现为，在生活中遇到关乎自身利益问题时，大学生往往奉行功利原则，更多考虑个人利益，主张奉献与索取并重。其二，品德情感方面的矛盾体现在，大学生有强烈的爱国主义情感和民族忧患意识，但缺乏一定的社会使命感和责任感。其三，品德意志方面的矛盾表现为，当代大学生为人正直，富有正义感，满怀为中国特色社会主义事业而奋斗的豪迈气概，但他们缺乏耐心、毅力和坚韧性，容易受困难、挫折和负面现象的影响而动摇决心。其四，品德信念方面的矛盾表现为，他们怀有成就大事的志向，却缺少脚踏实地的实干精神；期待和谐社会道德秩序的建立，却不愿受规章制度的束缚。其五，品德行为方面的自相矛盾表现在，他们对品德失范问题有正确的认知和判断，落实到具体行为上却出现偏差、加以否定。在大学生个人品德教育中，大学生知、情、意、信、行矛盾突出，反映了大学生个人品德教育中理论与实践的脱节。高校教师应该在大学生个人品德教育中将理论与实践相结合，在实践中指导大学生体验个人品德的重要性，践行个人品德，使大学生逐渐在个人品德教育方面实现知行合一。

第五节　大学生个人品德教育的路径拓展

强化大学生个人品德教育对于大学生的成长成才至关重要。就目前来看，加强大学生个人品德教育的实效性，促进大学生的思想成长，需要进一步拓宽大学生个人品德教育的路径。

一、提升大学生个人品德教育理念

正确的教育理念有助于大学生个人品德教育目标的实现。提升大学生个人品德教育理念，可以从两个方面进行。其一，确立以人为本的教育理念。从大学生的学习生活出发，有目的有步骤地开展大学生个人品德教育。在大学生个人品德教育中，以人为本的教育理念在于强调学生的个体差异性，要求高校教师充分认识到大学生个人品德教育的重要性，不断提升自己的道德素养，以充沛的爱心去关心、爱护和尊重学生。同时，高校教师在进行大学生个人品德教育时，要充分尊重大学生的主体地位，根据大学生的需求来设置内容、选择方法。其二，确立创新的教育理念。大学生个人品德教育要顺利开展，创新是非常必要的。大学生个人品德教育的发展不能完全遵循旧传统，也不能割裂大学生个人品德教育的历史，应该将以往个人品德教育所体现的积极因素和优秀成分融入当代大学生个人品德教育之中，并且在此基础上大胆创新。因此，高校教师要借鉴、吸纳优秀的大学生个人品德教育成果，推古及今，由中至西，达到全方位开放，创新品德教育，实现多元发展。创新教育理念对于提升大学生个人品德教育的效果至关重要，有了先进的教育理念作为先导，才能正确认识大学生个人品德教育，选择合适的教育方案。

二、丰富大学生个人品德教育内容

教育内容是大学生个人品德教育目标的具体体现，确定了大学生应该接受何种品德知识理论和品德价值观念。其一，把心理教育融入大学生个人品德教育内容。大学生个人品德的形成和发展是一个复杂的过程，是品德认知、品德情感、品德意志、品德信念和品德行为相互作用、相互影响的过程。大学生个人品德教育要取得良好的接受效果，就要尊重和理解学生的需要，大学生的需要应受到高校教师的关注与重视。高校教师要将心理教育融入大学生个人品德教育内容中，注重对大学生的情感教育和心理疏导，确立合理的个人需要。其二，重视人文教育，注重人文关怀。人文关怀是对人的本性和价值的关怀，以人的生存、安全、自尊、发展等需求为出发点和落脚点，通过对人的尊重、理解和肯定，激发人的主动性、积极性和创造性，使其自觉对生存环境和主体自身进行调节与控制，实现人生的丰富、完善与发展。加强人文教育，把人文理念、人文情怀和人文精神融合到大学生个人品德教育中，凸显大学生个人品德教育的人文意义和人文价值，充实大学生个人品德教育内容。其三，大学生个人品德教育内容要向科学文化课程延伸。科学文化课程不仅满足学生自身发展需要，也是容易渗透、影响品德教育的主要阵地。大学生个人品德教育，以科学文化课程为载体，能达到"润物细无声"的效果，尤其在克服大学生对品德灌输、说教的逆反心理方面能发挥重要作用。

三、丰富大学生个人品德教育方式

丰富大学生个人品德教育方式，主要集中在以下两个方面。其一，大学生个人品德教育要开辟网络教育阵地。在网络时代进行大学生个人品德教育，高校教师应该与时俱进，在充分尊重大学生网络自由的同时，加大网络监控的力度；加强品德教育主题网站的建设，开通网络交流平台，鼓励大学生踊跃参与，用积极的思想教育大学生，用高尚的情操感染大学生。其二，大学生个人品德教育要加强实践环节。品德实践是大学生个人品德培育不可缺少的组成部分，是大学生个人品德教育的目的与归宿。大学生个人品德教育要加强实践环节，如组织大学生参观纪念馆、展览会和博物馆；访问革命老人、道德模范；有针对性地观看电影、戏剧；组织大学生参与各类社会公益活动和学术活动；开展品德案例讨论，帮助大学生解决品德失范问题；进行有组织的专题社会调查，举办调查展览会和报告会；等等。通过各类丰富有益的社会实践，把社会实践活动与大学生个人品德教育有效结合起来。

四、优化大学生个人品德教育环境

环境是影响大学生个人品德形成和发展的重要因素。在大学生个人品德教育过程中，要为大学生个人品德教育营造良好的氛围。其一，大学生个人品德教育要营造良好的校园文化氛围。作为大学生个人品德教育的重要载体，校园文化扎根于高校的各个方面，具有深厚的文化底蕴。高校教师要遵循大学生的身心发展规律，营造良好的校园文化氛围，开展丰富多彩的具有感召力、富有吸引力的文化活动，在活动中培育大学生的个人品德素质。其二，大学生个人品德教育要加强校园网络建设。网络正日益深入大学生的学习、生活和交往之中，高校要善于利用网络带来的积极因素，积极宣传有益于大学生良好个人品德发展的思想和文化，引导大学生自觉抵制错误的品德认知和行为。

五、加强大学生个人品德教育师资队伍建设

建设一支优质高效的大学生个人品德教育的教师队伍，对实现大学生个人品德教育极具意义。其一，提高高校教师素质。高校要加强高校教师的选拔和任用考核。对从事大学生个人品德教育工作的人员，在健康素质、理论素质、能力素质和品德素质等方面提出明确要求，尤其要严格要求教育者的品德素质。其二，优化高校教师队伍。在大学生个人品德教育中，高校要让高校教师配合开展教育，按照其负有责任和发挥作用的大小来划分，高校思想政治理论课教师、辅导员、党政机关的思想政治工作者都有不同的职责施以教育，只有相互协调、相互配合，才能实现大学生个人品德教育最优化。

第九章

大学生中华传统美德教育研究

"人无德不立"，中华民族是高度重视道德、讲究道德、遵守道德的。道德是每一个中华儿女的价值内核，中华民族正是在优良道德的指引下，创造了众多灿烂的文明成果。中华传统美德是中华优秀传统文化中的道德部分，是中华民族优秀传统道德。千百年来，中华传统美德作为中华民族的道德规范，在人们的社会生活、家庭生活以及个人修养中发挥着重要的作用，滋养着每个中华儿女，调整着中国社会的各类关系。大学生作为新时代中国特色社会主义的建设者和接班人，有责任、有义务传承中华传统美德的宝贵精神财富，并在新时代将其发扬光大。

第一节　中华传统美德的内涵研究

中华传统美德作为中华精神文明的优秀成果，作为中华优秀传统文化的重要财产，历史悠久、博大精深、内涵丰富，是滋养大学生精神世界的沃土，对于大学生的成长成才有着重要的作用。

一、中华传统美德的含义

从历史上说，中华民族是重视伦理道德的民族，有着良好的道德传统，传统道德也是中华优秀传统文化的重要组成部分。可以说，中华民族的传统道德悠久灿烂、源远流长，有人将中华民族五千年的文明史称为五千年的道德史，是具有一定道理的。对于中华民族来说，传统道德已经融入人们的思想意识和行为规范中，逐渐内化成中华民族的国民性格和民族心理，对于中华民族的思想修养和行为规范有着重要的作用。正因如此，无论是在中华民族的传统古籍中，还是在中华民族的传统民俗中，甚至在每个中国人的日常生活中，都将中华传统道德作为重要的内容来遵守和发扬。

对于中华传统道德的含义，我们可以这样理解：中华传统道德由中华民族精神、道德理论和道德文化组成。具体来讲，包括自强不息的民族尊严、厚德载物的民族胸怀、勤劳务实的民族性格、团结统一的民族凝聚力，由民族精神和儒家道德伦理、道家道德哲学、佛家道德心理的道德理论以及文字、历史、诗词、音乐、书法、绘画、文章的道德文化，共同构成了中华传统道德的丰富内涵。由上可见，中华传统道德是一个宽泛的概念，具体可以认为，中华传统道德是中华民族经过漫长实践留存下来的道德内容，蕴含着中华民族的精神元素、关于道德的认识以及道德习惯，是中华民族宝贵的道德财富。

中华传统道德既有精华部分，也有因时代而产生的糟粕部分。我们讲中华传统道德中的精华部分即中华优秀传统道德，称之为中华传统美德。中华传统美德也是我们应该继承的中华传统道德的部分。在新时代继承、发扬中华传统美德，既要发现中华传统美德中的道德之美，也要注重中华传统美德在现代社会的应用，也就是说，在新时代继承、发扬中华传统美德，不但要将中华传统美德融入现代社会，更要在现代社会发扬中华传统美德的重要作用，促进现代社会的道德建设。

关于中华传统美德的含义，根据不同的角度，目前不同的学者有着不同的解释。

有的学者指出，中华传统美德主要是指中华民族优秀的道德品质、优良的民族精神、崇高的民族气节、高尚的民族情感以及良好的民族习惯的总和。这个观点主要从中华传统美德的内容角度来阐释。一般来说，中华民族优秀的道德品质，主要指中华民族的礼仪规范和行为规范；中华民族优良的民族精神，主要指中华民族在诚信、友善等方面的价值取向；中华民族崇高的民族气节，主要指中华民族在家国情怀等方面的价值取向；中华民族高尚的民族情感，主要指中华民族在社会关系方面的价值；中华民族良好的民族习惯，主要是中华民族勤劳、勇敢等民族性格。

有的学者指出，中华传统美德是中华优秀传统文化的一部分，一般来说，是指以古代儒家伦理道德为主要内容并包括道家、墨家、法家等传统道德思想的精华。这个观点主要从中华传统美德的来源方面来论述，在中国思想史上，存在着所谓的"诸子百家"，各个派别的学说百家争鸣、百花齐放。其中，儒家、道家、墨家、法家等文化，对中华传统文化影响深刻，也成了中国传统美德的主要文化来源，其中以儒家文化的影响最为深远。由此不难看出，中华传统美德在某种程度上继承了儒家文化的思想，并吸纳了道家、墨家、法家等文化的精华，具有多种文化融合的特征。

有的学者指出，中华传统美德是中华民族思想文化传统的重要组成部分，是指中国五千年历史流传下来的具有影响、可以继承并不断创新发展、有益于后代的优秀道德遗产。这个观点是从中华传统美德的定位来阐述的，这个观点提出中华传统美德不仅是后代的优秀道德遗产，而且可以继承并不断创新发展，也表明了中华传统美德不但需要继承，而且需要进一步发扬。

不难看出，中华传统美德是中华传统文化的重要组成内容，是五千年民族魂的延续，从尧舜禹时产生，随着每个时代的不同特点不断发展产生每个时代所需要的新道德，包含着丰富内容，涵盖传统道德规范，传统职业道德，政治、法治道德，伦理道德，道德哲理和人性之德。由此可见，中华优秀传统美德包含五大历史要素，而且内容丰富，是人类思想文明史中的宝贵财富。

中华传统美德是中华民族的重要精神瑰宝，是中华民族几千年留下的文化精粹。中华传统美德的继承、发展与创新，对于当代大学生至关重要。可以帮助大学生提高自身的道德修养，处理复杂的各类关系，如处理人与人关系、人与社会关系和人与自然关系等，是中华民族思想文化的重要核心。因此，大学生要高度重视中华传统美德的继承和发扬，高校也要高度重视大学生中华传统美德的教育，帮助大学生更好地了解中华传统美德，使大学生成为中华优秀传统美德的继承人与弘扬者。

二、中华传统美德的特点

中华传统美德产生于华夏大地，是在中华优秀传统文化的氛围中孕育而成的，具有鲜明的中华特色，体现了古老而悠长的东方智慧。因此，中华传统美德也具有其独特的特点。一般来说，中华传统美德有如下几个特点。

1. 中华传统美德的思想基础是仁德意识

所谓仁德意识，是对人道德自觉性的一个要求，也是对人的人格意识的一个提示。一般来说，中华传统美德中的仁德意识主要体现在以下两个方面：一方面，中华传统美德中的仁德意识要求每个人要有独立的尊严和独立的人格意识，在儒家大师孟子眼里，对于一个人来说，精神层面的人格尊严比肉体层面的生命更有意义，也更有价值。另一方面，中华传统美德中的仁德意识明确每个人要受到社会公约的约束，要具有社会责任感，要对社会承担责任，要对他人承担责任，不能够完全以个人为中心，不顾及社会其他人，这样是道德缺失的表现。中华传统美德中的仁德意识几乎贯穿于中华传统美德的所有内容，严于律己、宽以待人、忠孝两全、大爱无私、谦恭有礼、诚信奉公等无不蕴含着仁德意识。由此不难看出，仁德意识作为中华传统美德的思想基础，体现了两个方面的内容：一方面，中华传统美德中，特别强调尊严，正所谓"士可杀不可辱"，为了维护尊严，要努力地奋斗和争取。另一方面，中华传统美德中，强调个人在社会中的责任，正所谓"天下兴亡，匹夫有责"，将社会责任也纳入了中华传统美德中。因此，中华传统美德既体现了对自我尊严捍卫的责任，也体现了社会建设的责任，体现了中华传统美德广泛的责任意识。

2.中华传统美德的精神实质是自强厚德

众所周知，清华大学校训中的"自强不息，厚德载物"来自古籍《周易》，正所谓，"天行健，君子以自强不息；地势坤，君子以厚德载物"。千百年来，中华传统美德一直秉承着"自强不息"和"厚德载物"两点，使中华民族生生不息、发展壮大。用现代人的眼光理解：一方面，"自强不息"所蕴含的精神实质是每个人要经得起逆境和苦难的考验，都应该刚强，永远保持积极向上的心，做到"艰难险阻，玉汝于成"。中华民族正是因为秉承这种自强不息的进取态度，才能历经磨难，得以屹立世界东方千年不朽。另一方面，"厚德载物"提出人应该有宽厚之心，像大地一样以包容之心孕育万物，用宽广的胸怀来看待事情、处理事情，具有兼收并蓄的开放胸怀。由上可见，自强厚德要求人们要发奋图强、积极进取，对待他人要宽容。由此不难看出，自强厚德是中华传统美德的精神实质，体现了两个方面的内容：一方面，在中华传统美德中，独立是一个重要的内容，而积极进取的态度则是支撑独立的重要力量，也就是说，中华优秀传统美德特别强调积极向上、实现自我。另一方面，在中华传统美德中，宽厚是一个非常重要的内容，有了宽厚的态度，才能有足够的胸怀来处理人与自然、人与人之间的关系，营造和谐的氛围，为持续发展提供良好的基础。因此，中华优秀传统美德既强调独立，也强调宽厚，将对内的严格要求和对外的积极悦纳结合在一起，形成中华优秀传统美德独有的特点。

3.中华传统美德的重要底色是为公爱国

在中国传统文化中，流传着爱国主义的诸多典故，从"夙夜在公"到"以公灭私，民其允怀"，从"举公义"到"国耳忘家，公耳忘私"，中国传统文化无不倡导着人们要有贡献国家和社会奉献的情怀。在中华传统文化中占据重要地位的宋明理学，着重提出了为了国家集体的利益而放弃个人利益，这也能够看出中华传统文化中爱国主义精神的闪光点。林则徐曾有一句流传千古的名句："苟利国家生死以，岂因祸福避趋之。"其中表现的就是为国家、为集体献身的强烈写照。热爱国家、强调集体的爱国主义精神，也是中华传统美德的重要特点。不难看出，为公爱国是中华传统美德的重要底色。在中华传统美德中，"为人民，为国家"是天经地义的事情，因此，中华传统美德特别强调天下为公和家国情怀，将个人奋斗的目标落实到为人民服务和为国家服务上，这一点也与新时代的价值观相契合。直到今天，为公爱国的传统美德依然是我国社会道德的重要组成部分。

4. 中华传统美德的指导思想是仁爱原则

中华传统美德非常推崇仁爱原则，具有人本主义思想的意味。"仁""礼"是儒家思想的精髓，是我国传统社会中伦理道德的最高规范。孔子主张"仁"，认为人要"爱人"。不难看出，仁爱思想就是我国早期的人本主义思想。"仁"是衡量一个人道德水准的标尺，对他人有仁爱之心就是有道德的人。仁爱原则作为中华传统美德人本主义思想，在长期的发展过程中，对于人际关系的协调起到了非常重要的作用。不难看出，仁爱原则是中华传统美德重要的指导思想，也可以说，中华传统美德的诸多内容都是在仁爱原则的指导下形成的，中华传统美德强调的仁爱原则，通过缓和社会矛盾、调节社会关系来营造良好的社会氛围，形成互帮互助的社会生存模式，也成为中华民族发展壮大的重要道德基础。

5. 中华传统美德的重要标尺是以义为先

中华传统美德有着明确的义利观，"以义为上""以义制利"是中华传统美德提倡的人生价值取向。儒家认为，对于义利的处理涉及是否具有道德，也就是说，只要符合"仁""义"标尺就是有价值和意义的；违背"仁""义"标准的都是没有意义的。在儒家的认识中，君子与小人的差别往往就在于以利还是义为先。通俗地讲，一切以利为先并按"利"行事便会成为小人，相反，以义为先并按"义"行事则会成为君子。由此可以看出，以"义""利"义为准则的价值取向是中华传统美德的标尺。千百年来，中华民族的义利观，也得到了中国人民的广泛认同，逐步化为"以义为上""以义制利"的独特的价值理论，并且成为代表中华民族理想的价值观念。不难看出，以义为先是中华传统美德的重要标尺，中华传统美德将"义"作为衡量的重要标尺，显示了中华传统美德中尊重契约、尊重平等的精神，在中华传统美德中，将"义"放置到了重要的位置有助于公平正义的实现，人与人之间的社交关系有助于缓和社会矛盾，这对中华民族的发展、中华优秀传统文化的形成有着基础性的意义。

6.中华传统美德的精神追求是理想人格

马斯洛需要层次理论认为，人在实现了基本的生理、安全等需求之后，追求的是自我价值的实现。无独有偶，早在几千年前孔子就已经形成了与之相似的理论，主张人们在基本物质得到满足之后追求精神境界，即道德理想。在孔子的学说中，道德理想是最高层次的需要，也是人们最高层次的追求。在儒家学说的影响下，出现了"杀身成仁""舍生取义"等理想追求。正如孟子曰："生我所欲也，义亦我所欲也，二者不可得兼，舍生而取义者也。"从世界范围内看，各个国家的伦理道德均没有像中华民族这样强烈地追求精神境界和理想人格。不难看出，理想人格是中华传统美德的精神追求。在中华传统美德中，对理想人格的追求一直存在。中华传统美德要求每个人都追求高尚的精神境界，形成理想的人格，成为君子。在中华优秀传统文化中，也从不吝惜对君子的赞扬，并赞扬君子金子般的品德，将君子作为道德的榜样。

第二节　大学生中华传统美德教育的内容研究

开展大学生中华传统美德教育，厘清中华传统美德教育的内容十分关键，选择中华传统美德的教育内容则十分重要。中华传统美德内容丰富、博大精深，很难窥其全貌，也很难作出全面的总结。根据中华传统美德的特点，可以提取出中华美德的主要内容，帮助大学生更好地认识中华传统美德、理解中华传统美德、传承中华传统美德和发扬中华传统美德。目前来看，大学生中华传统美德教育的内容主要集中在以下几个方面。

一、中华传统美德中的爱国主义精神

中华民族不仅仅是一个爱"仁"的民族，也是一个爱国爱家的民族。中华民族强调要注重国家利益和民族利益，提倡为民族、为国家的奉献精神，这也是千百年来中华民族向心力和凝聚力之所在。千百年来，每当中华民族遭遇外侮、面临生死困境的时候，总有一些仁人志士挺身而出，解救国家于危难，这正是中华传统美德中爱国主义精神的体现。翻开历史，我们可以看到古人爱国的豪言壮语和英雄事迹。文天祥的"人生自古谁无死，留取丹心

照汗青",表达了为国家献身的爱国主义精神。"天下兴亡、匹夫有责"的顾炎武,更是让爱国主义思想深入人心。爱国主义思想是中华传统美德的核心部分,是道德思想、道德情操、道德修养的最高境界,是对民族气节的坚持与弘扬。由上可见,为人民、为社会、为民族、为国家的爱国主义精神,是大学生必须学习的优秀道德品质。爱国主义精神是中华传统美德中的"大德",是中华传统美德的重要核心、重要内容。开展大学生中华传统美德教育,要时刻不忘弘扬爱国主义精神,将爱国主义精神作为重要的教育内容融入中华传统美德教育中,提升大学生对于爱国主义精神的认识,升华大学生的爱国主义情感。

二、中华传统美德中的自然和谐思想

中华传统美德强调自然和谐。首先,中华传统美德强调自然。在中华优秀传统文化中,道家思想是重要的思想内容,道家思想崇尚自然,强调天人合一,要求人们的思想和行为与自然统一,不要违背自然规律,要按照自然规律办事,这也是中华传统美德对待自然的态度,在中华传统美德的指引下,我国提出了维护生态平衡、可持续发展、绿水青山就是金山银山的发展理念。此外,中华传统美德也强调和谐。中华优秀传统文化十分重视和谐统一,这里的和谐,指人与人之间的和谐、人与社会的和谐、人与自然的和谐,还包括人与宇宙的和谐,这对于我们建立和谐人际关系有重要意义。同时,中华传统美德也提倡"以和为贵""协和万邦"的思想,由此可见,人类命运共同体理念是对中华民族优秀传统文化的继承和发扬。对于大学生来说,学习中华传统美德,要爱护环境、保护自然,同时也要以和谐的态度处理生活中的各种关系。中华传统美德中历来就有自然和谐的思想,这里面包含着博大精深的哲学意蕴。一方面,中华传统美德非常注重对自然的保护,强调人与自然的共生,"不涸泽而渔,不焚林而猎",朴素地表达出人与自然的关系,在中华传统文化中,人与自然和谐相处,形成了友好互动的关系,这也是千百年来中华民族能够与自然和谐相处、繁衍生息的重要道德基础。另一方面,中华传统美德非常注重和谐氛围的营造,在家庭内部强调"家和万事兴",在贸易往来的时候则强调"和气生财",彰显了和谐思想深深地融入中华民族的思想中。总的来说,自然和谐思想是中华传统美德重要的处世原则,也是中华优秀传统文化的鲜明特征。

三、中华传统美德中的仁爱友善态度

中华传统美德注重对待他人的态度，要求"仁者爱人，与人为善""己所不欲，勿施于人"，这体现了中华传统美德的博爱，也体现了中华传统美德的善良。推崇仁爱精神，是中国传统美德的重要内容，是中华传统美德的核心，是对人类、对生命的终极关怀与爱护，是至上的道德原则。所谓"仁"，就是爱人，能推己及人。以孔子思想为代表的儒家学说，最早提出将"仁"作为处理人与人之间关系的道德准则，将"仁"定义为"爱人"，即对人要有仁爱之心。"仁爱"的基本要求是要"成人之善，急人之厄，周人之乏"，即成全别人做善事，热心主动帮助别人解决困难，周济处于困窘之境的人。中华传统美德中的仁爱精神，体现了尊重、宽容、关心、理解、友爱、互助等丰富的人道主义思想，引导人们去友好、和善地对待每一个人。由上可见，"仁爱"精神是中华传统美德规范的体现，是用来调节人与人和人与社会关系的道德准则。对于大学生来说，要用"仁爱"之心去尊重、理解、关心、爱护、帮助每个人，对人存有善良之心，不坑人、不害人。

不难看出，在中华传统文化中，一直抱持博爱的态度来处事对人。在人们的日常生活中，人们抱着仁爱、友善的态度爱家、爱乡、爱国，建设和谐美好的社会，在政通人和的环境中促进经济社会的发展。在高水平对外开放的今天，中国人抱着仁爱、友善的态度广交四海朋友，积极融入经济全球化的浪潮中，以胸怀天下的使命担当为人类发展进步贡献力量。仁爱、友善的态度不仅仅是中华传统美德的重要组成部分，也是人类文明中独具特色的部分。

四、中华传统美德中的民本德治思想

中华传统美德非常重视人民的利益，同时也将道德治理作为国家的重要治理方略，这也体现了中华优秀传统文化中独特的政治思想。早在春秋时期孔子提出"庶、富、教"的思想，把"广施于民而能济众"作为治理国家最高尚的治国之道，孟子提出"民为贵，社稷次之，君为轻"的"民贵君轻"学说，都是强调对于人民的重视，这与目前我国重视民生一脉相承。同时，中华传统美德强调国家的治理要充分利用道德手段，将以德治国作为国家治理的重要方略，这与目前我国以德治国的国家方略具有思想文化上的传承关

系。对于大学生来说，要深刻理解中华传统美德中的民本德治思想，深入认识民生建设和以德治国对于国家发展的重要意义。不难看出，民本德治思想是中华传统美德中政治道德的一种体现。一方面，中华传统美德非常重视人民的地位，具有浓厚的民本主义思想，因此，中华传统美德也同样强调民生，将改善民生作为国家治理的重要内容。另一方面，中华传统美德非常注重道德的教化作用，将道德教化作为社会治理的重要手段，这区别于西方社会将法律手段作为社会治理的主要手段，这也体现出我国独特的政治文化传统。

五、中华传统美德中的诚信至上原则

诚信是中华传统美德中一条基本的原则，千百年来，在中华传统美德的故事中，几乎处处可见诚信的身影，"童叟无欺，诚信至上"等诸多传统故事也成为家喻户晓的美谈。诚和信是对诚信的基本要求，诚是信的基础，信是诚的外在表现，儒家把诚信作为做人的基本道德。孔子认为"诚"是"天之道"，把"诚"作为至高无上的道德源头来看待。诚实是道德的基本要求，人格的最高境界，是做人的起点，是为人处世的首要条件。"说老实话、做老实事、当老实人"，是做人的基本准则。诚信的内容包括：信守承诺，说话算话，言行如一，言必行、行必果，勇于承担责任等。诚信是一个人最重要的道德品质，一个人只有内心诚实，不欺瞒他人，才能真心善待家人、朋友和他人，进而推动整个社会的和谐有序发展。对于大学生来说，更要重视诚信品德的培养，在工作、学习、生活的方方面面，都要体现良好的诚信品质。不难看出，诚信至上原则是中华传统美德中的一条重要的内容，对个人的发展和社会的治理具有重要的意义。一方面，对于个人发展来说，遵守诚信的人更容易被别人所相信，更容易建立起良好的社会关系，更容易开展各项活动。另一方面，对于社会治理来说，建设诚信社会有利于各项社会公益的顺利推进和各项社会活动的顺利开展，也有利于社会各项事业的顺利发展。

六、中华传统美德中的慎独自省修养

中华传统美德强调慎独自省，并通过慎独自省的方式来提升自身的修养。在中国古代，强调文人通过慎独自省来逐步实现"修身、齐家、治国、平天下"的人生理想。所谓慎独，是指一个人在任何时候、任何情况下都要遵循道德规范，而不是在别人的监督下才遵循道德规范。由此可见，慎独是一个人对于自身道德规范的一种高度的自觉，也就是说，作为一个人，遵循道德规范应该是自发的，而不是在外力驱使下被动产生的。所谓自省，是通过反思的方式查缺补漏，循序渐进，进而提升自身的道德修养。"见贤思齐焉，见不贤而内自省也"，孔子告诉每个人要懂得及时反思自己的不足，看到别人的长处、优点，并思考如何去学习这些优点；看到别人的缺点、不足，我们也要去反省、思考自己是否也存在着这些问题。自省倡导道德主体在完善提高自身的同时充分发挥能动作用，遵守职业道德、社会公德和家庭美德，重视道德的实践，强调道德修养的重要性，自觉践行道德规范和准则。大学生在自己的日常生活中要身体力行，自觉遵守道德规范，见贤思齐，不断发现自己的不足，不断吸收他人的长处，不断提升自己。不难看出，慎独自省修养是中华传统美德教育中自我反思、自我提升的一环。相对于接受说教，自我反思有利于查缺补漏，逐渐完善自我的道德水平。因此，慎独自省修养也可以看作中华传统美德教育中的一种特殊的教育方式。作为当代大学生，在纷繁复杂的社会环境中，要学会慎独自省，加强道德修养，提升道德水准。

第三节　大学生中华传统美德教育的价值研究

中华传统美德是中华传统文化中宝贵的精神财富，是中华民族发展的重要文化成果。中华传统美德内容丰富、博大精深、覆盖面广，包含了社会公德、职业道德、家庭美德、个人品德等方方面面。加强中华传统美德教育，继承和发扬中华传统美德，对于全面提升大学生道德素质，具有重要的价值。

一、加强大学生中华传统美德教育可以健全大学生的人格

中华传统美德是中华民族千百年来道德探索与道德实践的沉淀，也是中华优秀传统文化的道德精华。因此，中华传统美德本身就是道德教育的绝佳素材。在大学生的人格发展过程中，道德成长毫无疑问是人格发展的基础。没有道德成长，大学生就无法提升自身的思想修养，也无法规范自身的言行，自然也就难以完善自身的人格。通过大学生中华传统美德教育，可以进

一步强调大学生自身的道德修养建设，帮助大学生深入认识自身的品行修养，从知、情、意、行等角度，对大学生的人格发展作出严格的规范。由此可见，对大学生开展中华传统美德教育，可以端正大学生的道德动机，提升大学生的道德认知，丰富大学生的道德体验，从而使大学生将应该具有的道德素质内化，进而展现出道德行为。在这种情况下，大学生中华传统美德教育可以完善大学生的品德结构，提升大学生的道德涵养，并逐步塑造和完善大学生的健全人格。特别需要强调的一点是，中华传统美德往往具有良好的道德教育载体，比如中华传统文化中的寓言故事中往往就蕴含着中华传统美德的内容，以故事的形式开展中华传统美德教育，更容易被大学生接受，也更有利于健全大学生的人格。

二、加强大学生中华传统美德教育可以提高大学生的道德养成

大学生中华传统美德教育的重要性不仅仅体现在提升大学生的思想境界、健全大学生的人格中，更重要的是，大学生中华传统美德教育可以帮助大学生提高道德修养并用于道德实践。经过千百年的探索、沉淀和发展，中华传统美德不仅仅是一套完善的道德理论，更有一套完善的道德实践体系。从中华传统美德中不难看出，除了总结出来的道德知识精华，还有一系列用于指导每个人道德行为的实践规范，这些道德实践规范，可以指导大学生在日常的生活中，更好、更恰当地把握自身的言行。比如中华传统美德中的社会公德内容，可以让大学生在社会生活中谦虚礼让，从而和谐社会关系；中华传统美德中的职业道德内容，可以帮助大学生形成正确的职业观，促进大学生的职业发展；中华传统美德中的家庭美德内容，可以帮助大学生养成孝顺父母、和睦邻里的意识，从而创造出温馨的生活环境。中华文明是古今传承的文明，中华优秀传统文化是从古至今一直传承的文化，中华传统美德也一直体现在我们的生活之中。基于此，加强大学生中华传统美德教育，可以充分利用大学生的生活场域，在日常生活中开展大学生中华传统美德教育实践，通过中华传统美德教育，以传统文化教育的方式，进一步提升大学生各个类型的道德水准，有助于大学生的道德养成。

三、加强大学生中华传统美德教育可以培养大学生的市场意识

所谓市场意识，既包括合作的意识，也包括竞争的意识。在市场经济的

背景下，合作意识是指联合能够合作的力量，实现资源互补、互通有无，实现更大的发展；竞争意识是指在一定规则的允许下，通过不断提升自身的实力，获得更大的市场份额，赢得更强的竞争力。中华传统美德中，既有合作意识的内容，也有竞争意识的内容，这为大学生培养市场意识提供了良好的素材。通过大学生中华传统美德教育，大学生要明白：合作可以让人们的智慧凝聚在一起，发挥出更大的功效；竞争可以提高人们的紧迫感和行动力，有助于提高做事效率。特别需要强调的是，在中华传统美德中，强调良性竞争，要避免盲目竞争、违规竞争，注重"己所不欲，勿施于人"，将中华传统美德的优质内涵融入竞争中，实现真诚合作、良性竞争。目前，我国在发展社会主义市场经济过程中，无论是合作还是竞争，都存在着一定的风险，比如合作破裂的风险、违规竞争的风险，这些风险极大地影响着社会主义市场经济的发展，以中华传统美德来培养大学生的市场意识，可以让大学生明白"和气生财"的重要性，让大学生从和谐厚德的角度来看待合作与竞争，用中华传统美德来调整市场关系，促进社会主义市场经济发展。

四、加强大学生中华传统美德教育可以培养大学生的改革创新精神

中华民族是一个不断要求进步的民族，这也在中华传统美德中有着充分的体现。在中华传统美德中，强调自强不息的进取精神和开拓精神，提倡改革创新的精神。通过大学生中华传统美德教育，大学生可以充分发扬自强不息的精神，将知行合一贯彻到底，勇于改革、锐意创新，用创新意识、创新思维、创新实践来提升自身的能力，为社会作贡献。不难看出，改革创新精神也是中华传统美德的重要组成部分。千百年来，中华人民从未止步，优秀的中华民族不断开拓、不断创新、不断改革，形成了光辉灿烂的文化。通过开展大学生中华传统美德教育，可以采取以案说法的形式，让大学生见贤思齐，培养自身的改革创新精神。

第四节 大学生中华传统美德教育的路径拓展

目前来看，虽然大众对于中华传统美德的重要性有一定的认知，也认可中华传统美德对于大学生成长成才的作用。但从高校角度来看，目前大学生中华传统美德的实施路径依然比较狭窄，还不能完全满足大学生成长成才的

需要。因此，高校要加强大学生传统美德教育的路径拓展，提升大学生中华传统美德教育的实效性，让中华传统美德成为大学生道德素质提升的重要来源。

一、开设中华传统美德教育课程

从课程方面来看，目前高校中华传统美德教育的内容，往往分散在高校思想政治理论课教学中，内容显得零散。虽然部分高校，也根据具体情况，不定期地举办一些关于中华传统美德的主题讲座，但依然很难系统化地讲授中华传统美德。目前来看，鉴于中华传统美德教育的重要性，高校应该专门开设中华美德教育的课程，通过让中华传统美德教育走进教材、走进课堂，进而走进大学生的头脑，让大学生对于中华传统美德内化于心、外化于行。特别需要注意的是，开设大学生中华传统美德教育的课程，要注意以下三点：其一，开设大学生中华传统美德教育的课程，要注意课程内容的系统性。虽然在中小学阶段，中华传统美德教育就是道德教育的一个重要组成部分，但是并没有进行系统化的教育，因此，大学生中华传统美德教育的课程，要系统全面地呈现中华传统美德的内容。其二，开设大学生中华传统美德教育的课程，要加深中华传统美德教育内容的深度。很多大学生在中小学阶段就经历过中华传统美德的教育，如果不加深中华传统美德教育的深度，那么很难激发大学生学习中华传统美德的兴趣，也会使中华传统美德的育人效果受限。其三，开设大学生中华传统美德教育的课程，要注意理论与实践相结合，让课程内容更加丰富，更能符合现代大学生的学习与实践习惯。在开设中华传统美德教育课程的时候，既可以以课堂教学的形式，也可以以网络教学的形式。在课时充足的情况下，中华传统美育教育课程的开设，可以采取选修课或者必修课的形式；在课时不充足的情况下，也可以采取专题讲座的形式。

二、加大大学生社会道德实践力度

大学生要善于从中华传统美德中汲取道德滋养，在道德实践中提升自身道德修为。因此，要加大大学生社会实践力度，在教育普及、保护传承、创新发展、传播交流等方面协同推进中华传统美德与大学生之间的互动。一方面，可以加大大学生对历史名胜古迹的社会考察。对历史古迹的考察可以让大学生切身体验历史发展的独特魅力，以礼敬自豪的态度去欣赏、传承优秀文化传统，学习仁人志士和民族英雄的模范事迹和崇高精神，有助于大学生承继中华传统美德基因，培植大学生深厚道德情怀。另一方面，可以加强大学生在艰苦朴素的地方进行实践锻炼，有利于磨砺心性，培养坚强的意志力。"天将降大任于斯人也，必先苦其心志"，以刚健有为、自强不息的中华传统美德精神激发大学生坚忍不拔、奋斗图强的精神，可以引导大学生在学习、生活和工作中树立持之以恒的拼搏精神。在大学生中华传统美德教育中实践社会道德，要注意时代的变化，汲取中华传统美德中的营养，对中华传统美德进行微调，使之适用于当前的社会环境。

三、重视校园文化建设

在中华传统美德的传承方面，高校要重视校园文化建设。良好的校园文化环境是大学生中华传统美德内化的根基和土壤。校园文化建设应当传承中华传统美德中的人文精神，包括积极进取、勤俭治家、知耻慎行等。高校可以通过网络、墙报、黑板报、宣传栏、广播站等宣传传统美德，使大学生能明辨是非、善恶、美丑。高校还可以组织各种形式的征文比赛、讲演比赛、辩论赛、传统文化节、文化讲坛等，营造出一种健康、高雅的校园文化氛围，让大学生在这种校园文化氛围中正确理解和认识中华传统美德，并在中华传统美德教育中得到熏陶。特别需要说明的一点是，在大学生中华传统美德教育中，可以加大各类教育活动的举办力度，增强大学生的参与感，有的教育活动甚至可以让大学生自行策划、自行举办，这样更有利于大学生深刻体验中华传统美德的内涵意蕴。

四、重视仪式过程教育

礼仪礼节是道德素养的体现，也是道德实践的载体。仪式教育是在一定的教育目标指导下，通过有计划、有组织、有感染性的仪式环节、仪式活动，与特定的教育实践活动相互照应、互为表里，在活动中增强教育对象的情绪共鸣、情感体验，促进大学生能够主动自觉地接受并认可仪式过程中所传递出的价值理念，水到渠成地达到仪式教育的目的。在大学生中华传统美德教育中，要充分发挥礼仪礼节的教化作用。教育是对大学生进行有组织、有计划、有目的的实践活动，提高大学生认识世界、改造世界的水平。仪式教育能够通过礼仪教化、仪式过程规范等外在行为要求促进大学生遵循社会交往规则，提高言谈举止的文明教养内涵。高校要充分利用重要的中华传统节日组织大学生开展节日仪式活动，增加大学生对传统节日中所承载的历史底蕴和共同民族历史文化的认同，使大学生深刻体悟民族身份里所担负的责任，提高民族归属感和自豪感，实现仪式教育活动的价值升华。需要说明的一点是，在大学生中华传统美德教育过程中，采用仪式教育的方式，不要拘泥于传统形式，可以在传统仪式上进行创新，使大学生对仪式教育更感兴趣，才能够有效地开展大学生中华传统美德教育。

五、利用全媒体传播教育平台

随着信息技术、人工智能的发展，人们的生活水平逐步提高，出现了很多新兴媒体形式。当前社会媒介在传统大众媒体的基础上，如电视、报纸、杂志、书刊、广播等，拓展出了其他便民利民的新媒介传播形式，如互联网、手机自媒体、平板电脑、智能手表等。媒体要素充分涌现，多种媒介相互融合，以全媒体为表现的信息传播革命取得前所未有的发展。各种丰富的信息传播平台应运而生，如各大网站、微信、App 应用、小程序等。高校进行中华传统美德教育要着重发挥全媒体的传播优势，借助大学生喜闻乐见的方式，通过开拓新颖的中华传统美德互联网宣传方式，发挥网络和新兴自媒体宣传阵地作用，同时，打造独具特色的中华传统美德教育平台，如网站、慕课、微信公众号、手机小程序等，将优秀文化遗产、承载历史情感的文物、中华传统美德故事等转化为网络资源和数字化产品，供大学生浏览、学习和分享。需要说明的一点是，利用全媒体传播教育平台开展大学生中华传统美德教育，要尽可能地将教育资源可视化，增强大学生的体验感，发挥信息技术的优势，提升大学生中华传统美德教育的水平。

六、重视教师的身教示范作用

大学生中华传统美德教育的效果离不开教师自身的道德素养和教学发挥。大学生主要是通过课堂来接受中华传统美德，高校教师要注重开发与利用中华优秀传统美德精神资源，将中华传统美德中的情感和世界观等完全转化为自身的情感和世界观。由于学校教育的特殊性，教师的言行往往影响到一个群体、一类人，因而高校教师在言谈举止上要严格要求自己，要做有

"德"之人，成为道德修养好、学问好的君子，高校教师应言传身教，自觉肩负起教育青年一代的重任。"学高为人师、德高为人范"，具有较高道德素养的高校教师要以自身优秀的个性品质作为榜样，无论在教学实践中还是日常生活中，都要表现出自然而又自觉的优秀道德品质。具体来说，高校教师应言行一致、以身示范，将真实、自然的品质展现出来才能引发学生内心情感反应，达到"其身正，不令则行"的教育效果。特别说明的一点是，高校教师要学习、运用、遵守中华传统美德，以中华传统美德"代言人"的姿态出现在大学生面前，这样才能给大学生更好的示范，帮助大学生更好地接受中华传统美德、认同中华传统美德。

第十章

大学生道德教育的拓展

随着时代的发展，道德的内涵在逐渐丰富，很多新的道德要求开始出现，在这种情况下，大学生道德体系的构建也应该充分考虑到新的内容。因此，大学生道德教育必须进一步拓展，纳入新的道德内容，以满足大学生成长成才的需要。

第一节　大学生旅游道德教育

随着我国经济社会的发展、国民收入增加，旅游成为人们重要的娱乐休闲方式，给予人们更好的生活体验和精神享受。旅游是大学生喜闻乐见的娱乐休闲方式，也是一种积极的生活方式，更体现了大学生的生活态度。但目前来看，在旅游过程中，很多大学生作为消费者，容易出现一些不当的行为，不仅影响了自己和他人的旅游体验，也给大学生这一群体的形象抹黑。因此，有必要关注大学生旅游道德失范的问题，提升大学生的旅游道德水平。

一、当代大学生旅游道德的主要内容

随着我国经济社会的发展，人们生活水平不断提高，旅游作为曾经的"贵族活动"已经"飞入寻常百姓家"。目前来看，作为当代的青年人，绝大多数大学生非常喜欢旅游这种娱乐休闲方式，并且每年都要花时间参与旅游活动。在这种情况下，加强大学生旅游道德教育、提升大学生的旅游道德水平非常必要。一般来说，大学生旅游道德的主要内容包括以下四个方面。

1.尊重自然与保护环境

尊重自然和保护环境是大学生旅游道德的首要内容。

所谓尊重自然，是指在大学生旅游的过程中能够对自然环境负责。很多大学生喜欢欣赏自然风光、游历高山大河。这类自然环境往往体现出原生态的特征，没有被人类过度开发。如果在旅游的过程中不注意保护自然环境，就会给自然生态造成一定的破坏，从而失去宝贵的自然资源。因此，在大学生旅游的过程中，要求大学生旅游者能够爱护自然环境，保护自然环境中的动物和植物。比如，大学生旅游者不要轻易地攀爬树木、采摘花朵、污染溪水等。

所谓保护环境，是指在大学生旅游的过程中能够对周边环境负责。很多大学生在旅游的时候缺乏环保意识，往往在不自觉中给周边的环境带来破

坏。比如，有的大学生在旅行的过程中随意丢弃垃圾，使原本清洁的环境变得脏乱不堪。再比如，有的大学生在旅游的过程中随意乱涂乱画，经常出现"某某某到此一游"的字样，使原本干净的环境因为涂鸦而变得失去美感。因此，在旅行的过程中，要求大学生旅游者能够保护环境，不能破坏环境。

2.尊重历史与人文景观

尊重历史与人文景观是大学生旅游道德的基本内容。

所谓尊重历史，是指大学生在旅游的过程中能够通过观赏名胜古迹感受历史文化。历史名胜古迹是旅游的重要内容，观赏名胜古迹不仅是对过去的怀旧，也是对当下的反思，是人类对自身价值的一种肯定。尊重历史古迹，怀着一颗"可远观而不可亵玩焉"的态度游玩，不要对历史古迹进行破坏，也不要随意歪曲历史古迹的文化价值。

所谓尊重人文景观，是指大学生在旅游的过程中能够集中精力对人文景观进行品读。人文景观记录着人类发展的过程，是人类活动发展的遗迹。大学生在参观人文景观的时候，不能抱着戏谑的态度，要怀有敬畏之心，在对人文景观进行保护的基础上深入地认识人文景观的价值。

3.尊重他人与关心社会

尊重他人与关心社会是大学生旅游道德的重要内容。

所谓尊重他人，是指大学生在旅游的过程中能够与其他游客相互尊重、相互关心、相互帮助，实现和谐共处。这样一来，在和谐的环境中，在一个充满尊重的氛围中，人与人之间能够得到精神的放松，能够建立起良好的人际关系。因此，在大学生旅游的过程中尊重他人，也能获取他人的尊重，为自己的旅途营造和谐愉快的氛围，使大学生能够拥有更加愉快的旅程。

所谓关心社会，是指大学生在旅游的过程中能够担负起自身的社会责任。一方面，大学生在旅游的过程中能够尊重地方文化、保护地方环境，能够遵守地方的公共道德、尊重当地人的人权和文化习惯。另一方面，大学生在旅游的过程中，能够和谐人与人之间的关系，能够在其他人需要帮助的时候及时给予帮助，并在旅游的过程中，在有条件的情况下开展公益活动。

4.尊重自我与提升自我

尊重自我与提升自我是大学生旅游道德的关键内容。

所谓尊重自我，是指大学生在旅游的过程中能够自尊自爱，努力提升自身的道德修养，具有较高的自我意识，通过加强对自身的约束，做到在旅游过程中实现尊重自我和身心和谐的统一。

所谓提升自我，是指大学生在旅游的过程中能够通过举止言谈等方面的改善，提升自我形象，实现自尊自爱、自省慎独，从而提升自身的道德水准，实现身心的和谐发展，在旅游过程中获得成长和进步。

二、当代大学生旅游道德失范的表现

目前来看，在大学生旅游的过程中，旅游道德失范的现象一直存在，不仅影响了大学生旅游的体验，也影响了大学生的社会形象。因此，有必要对大学生的旅游道德失范现象加以研究，并在此基础上提升大学生旅游道德的基本水准。总的来说，大学生旅游道德失范的问题集中在以下四个方面。

1.破坏旅游地自然与人文环境

部分大学生旅游者来到了陌生的环境，远离了日常生活的约束，在游览过程中出现道德失范的行为。践踏草坪、乱折花木的现象是部分大学生旅游者道德失范的主要表现；另外，乱丢垃圾、随地吐痰的道德失范现象也十分明显。和一般游客相比，大学生旅游者在名胜古迹上乱涂乱刻的现象并不常见，但是也有部分大学生旅游者会损害历史古迹、历史文物。

2.不遵守旅游景区秩序与规约

部分大学生旅游者不遵守景区秩序。旅游是一种放松心情、陶冶个人情操的活动，在旅游过程中我们应该约束自己、文明出行，但是仍然会有很多旅游者无视社会道德，到远离自己日常生活的环境下就不约束自己的行为，破坏生态环境。很多景区都写着"禁止拍照"的字样，但仍有部分大学生旅游者不遵守规矩去拍照，我们拍照时用的闪光灯会在不同程度上对文物造成损害。部分大学生旅游者不顾景区"禁止吸烟"的标志，在无烟区处吸烟，这样不但违反景区规定，还可能引起火灾，造成重大的损失。

3.旅游时不够诚信

旅游不是个人的活动，是一种社会活动，必定会与其他人产生交往，在旅游活动中人们都要面对和其他人的一系列人际关系。由于部分大学生旅游者具有不成熟等不稳定性因素，在旅游的过程中不能完全做到诚实守信，在跟团出游时不能按照规定时间集合；在涉及个人利益的时候，只把维护自身的利益当作首要目标。长此以往，助长了部分大学生旅游者唯利是图的不良风气。

4.漠视旅游地宗教信仰与风俗习惯

入乡随俗，这是道德规范对大学生旅游者的基本要求。在旅游活动过程中，部分大学生旅游者与旅游地之间存在经济水平、价值观以及生活方式等方面的差异，导致部分大学生旅游者在与当地居民接触的过程中有道德失范的现象。大学生旅游者在旅游过程中对目的地的影响是多方面的，部分大学生旅游者的道德失范行为会引起当地居民的反感，同时也会引发与当地居民之间的矛盾。世界各地的风俗习惯不尽相同，部分大学生旅游者不尊重旅游目的地的风俗习惯，甚至破坏旅游区的环境。例如，部分大学生旅游者在寺庙中拍照、大声喧哗，这一般是佛教场所禁止的。我国是56个民族组成的多民族国家，地域辽阔，地域不同人们的饮食习惯自然也各有差异。例如新疆维吾尔族信仰伊斯兰教，不吃猪肉，许多游客到当地吃不惯牛羊肉，点猪肉做的菜，或者自带猪肉做的食品，这些行为便是对宗教与习俗的不尊重，这种失范行为会引起当地居民的强烈不满。

三、当代大学生旅游道德失范的原因

当代大学生旅游道德失范的原因主要有以下两个方面。

1.大学生缺乏旅游道德意识

旅游是一项休闲活动，很多大学生在旅游的时候心情完全放松，沉浸在旅游的快乐中，往往忽略了用道德约束自己的行为。在很多情况下，在陌生的环境中，部分大学生甚至缺乏日常的道德水准，造成一定程度的道德失范。这也说明，在大学生的旅游活动中，由于心情放松和环境特殊，很可能造成大学生道德水平下降，使大学生缺乏相应的道德意识。

2.大学生缺乏旅游道德知识

旅游是一个比较特殊的娱乐方式，对于大学生来说，在旅游过程中接触的人和事物都是新鲜的。因此，在相对陌生的环境中，大学生往往没有足够的道德知识来指导自身的道德行为，这也使得大学生在旅游活动中，往往把握不好自己的行为，容易出现道德问题。由此可见，大学生在旅游过程中的道德缺失，与道德知识的缺失是息息相关的。

四、提升当代大学生旅游道德的对策

鉴于旅游已经成为当代大学生重要的休闲方式，因此，提升当代大学生旅游道德对于大学生非常重要。

1.强化大学生的旅游道德意识

提升当代大学生旅游道德，要强化大学生的旅游道德意识。虽然旅游属于大学生的休闲活动，也就是大学生的课外活动，但高校依然有责任、有义务来强化大学生的旅游道德意识。高校可以采用讲座的形式，以案例讲授的方式，来说明大学生旅游道德的重要性，强调大学生旅游道德缺失的危害，进而强化大学生的旅游道德意识。只有强化大学生的旅游道德意识，大学生才能够真正认识到旅游道德的重要性，才能够自觉地提升自身的旅游道德修养，并积极践行旅游道德。

2.增强大学生的旅游道德知识

提升当代大学生旅游道德，要增强大学生的旅游道德知识。在强化大学生旅游道德意识的同时，高校还应该增强大学生的旅游道德知识。很多大学生旅游道德缺失的根本原因，是因为没有足够多的旅游道德知识，因此在旅游的过程中，难以判断自己行为的对错，造成大学生旅游道德失范的现象。因此，高校要采用课堂教学、专题讲座等形式，向大学生传授旅游道德知识，帮助大学生在旅游的过程中更好地规范自己的行为，使自己的旅游活动更加顺利，能够享受更好的旅程。

3.对大学生的旅游行为进行规范

提升当代大学生旅游道德，要对大学生的旅游行为进行规范。大学生的旅游行为规范是大学生旅游道德的具体体现。因此，高校有必要对大学生的旅游行为进行规范，特别是大学生旅游活动中容易出现的道德失范行为。比如，大学生对生态环境的破坏行为、对名胜古迹的破坏行为、对宗教信仰的不尊重行为等等。高校应该将大学生的旅游行为纳入学生日常行为要求中，用制度的形式帮助大学生规范自身的旅游行为，从而促进大学生旅游道德水准的提升。

第二节 大学生观赛道德教育

随着我国经济社会的发展，体育事业也蓬勃发展起来，在这种情况下，我国的体育赛事举办得越来越频繁，规模也越来越大。大学生是朝气蓬勃的年轻人，很多大学生对于体育活动抱有极大的热情，这也使得大学生成为各项体育赛事的主要观赛者。但目前来看，很多大学生在观看体育赛事的时候有道德失范的现象，不仅扰乱了赛事的秩序，也抹黑了大学生自身的形象。因此，有必要对大学生观赛道德现象进行研究，帮助大学生规范观赛行为，提升观赛道德水准。

一、大学生观赛道德的内容

大学生观赛道德是指大学生在观看体育比赛所具有的行为规范。近年来，随着体育赛事的举办越来越频繁，大学生作为体育赛事的主要关注群体，在体育赛事中扮演着举足轻重的角色。因此，提升大学生的观赛道德水准势在必行。一般来说，大学生观赛道德的内容主要有以下三个方面。

1.保持现场的良好秩序

良好的现场秩序是体育比赛顺利进行的基础。显然，良好的现场秩序有利于运动员发挥出自己的正常水平，也有利于观众得到良好的观赛体验。因此，体育赛事的顺利举办往往和良好的现场秩序息息相关。大学生作为体育比赛的观众，有责任、有义务来维持良好的现场秩序，在不破坏、不干扰现场秩序的同时，也要帮助现场工作人员维护好现场的工作秩序，以保证运动员能够发挥出自己的正常水平，保证比赛的顺利进行，同时也能够提供给自身良好的观赛体验。

2.保持现场的清洁卫生

体育比赛现场的清洁卫生是在体育比赛中获得良好体验的基础。一个干净整洁的现场，能够提供给观众良好的观赛体验。相反，一个肮脏不堪的现场，自然不会提供给观众良好的观赛体验。大学生作为体育比赛的观众，有责任、有义务来保持现场的清洁，不要在场内丢弃各类杂物，也不要在现场吸烟。

3.保持个人的良好形象

体育比赛现场不仅仅是运动员展示个人形象的舞台，同时也是观众展示形象的舞台。大学生作为体育比赛的观众，要时刻维护良好的个人形象。大学生在体育比赛现场的个人形象，既包括衣着等外部形象，也包括语言动作等展示大学生个人修养的内在气质。因此大学生在观看体育比赛的时候，要做到文明观赛。

二、大学生观赛道德的主要问题

目前来看，在我国的体育比赛中，部分观众的观赛道德水准并不高。作为重要关注群体的大学生，在很多情况下也没能展示出较高的观赛道德水准。总的来说，大学生观赛道德的主要问题体现在以下四个方面。

1.扰乱秩序行为

扰乱秩序行为是大学生观赛道德的问题之一。部分大学生在观看体育比赛的时候，往往会出现扰乱赛场秩序的行为。比如部分大学生可能会在激动时冲进场内追逐体育明星；部分大学生会在观众看台燃放烟花，造成场内恐慌；部分大学生会在看台乱吼乱叫，甚至使用激光笔，影响选手的发挥；部分大学生还会向赛场投掷杂物，干扰比赛的正常进行。

2.赛场暴力行为

赛场暴力行为是大学生观赛道德的问题之一。部分大学生在观看体育比赛的时候会出现一定的暴力行为。比如与其他的观众发生冲突，使用语言暴力攻击在场的选手，使用手中的物品远程攻击场上的选手等等。这些赛场暴力行为不仅干扰了比赛秩序，而且还触犯了法律。

3.赛场卫生问题

赛场卫生问题是大学生观赛道德的问题之一。部分大学生在观看体育比赛的时候，会有一些不讲卫生的行为，破坏了比赛现场的清洁环境。比如部分大学生在观看体育比赛的时候，会随意丢弃卫生纸、包装袋等杂物，甚至在座椅上乱涂乱画等。

4.个人形象问题

个人形象问题是大学生观赛道德的问题之一。部分大学生在观看体育比赛的时候会有一些个人形象问题，影响其他观众的观看体验。比如部分大学生在观看体育比赛的时候违规抽烟，或由于过于激动而衣衫不整，影响了其他观众的体验。此外，很多大学生在观看一些对服饰具有要求的体育比赛的时候穿着过于随意。

三、大学生观赛道德问题的成因

大学生观赛道德问题的成因主要有以下四个方面。

1.个人道德修养问题

品德有问题的观众，在任何场合、任何环境下都可能有不良表现，比如足球流氓、喜欢喝倒彩的观众等等。很多大学生的个人道德修养并不过关，产生了观赛道德缺失的问题。很多大学生在现场不能够做到文明观赛，有时毫无理由地随意指责、谩骂甚至抹黑任意一个运动员，不仅损害了自身的形象，也影响了其他人的观赛体验。

2.缺乏观赛道德意识

部分大学生缺乏观赛道德意识，也是造成大学生观赛道德缺失的重要原因。体育比赛是竞技运动，注重公平，更注重友谊，因此，体育比赛的对手也是朋友，而不是敌人。在遵守比赛规则的前提下，无论是运动员还是观众，都要展示出极大的善意。部分大学生缺乏观赛道德意识，扭曲了竞技运动的本质，将竞技运动看成了撒泼打滚儿，使运动赛场变得乌烟瘴气。

3.欠缺相关体育知识

体育知识既包括体育精神，也包括不同类别的体育项目的规则及对观众的不同要求。比如竞技体育，虽然是以"创造优异运动成绩、夺取比赛优胜"为主要目标，但竞技体育追求的绝对不仅仅是结果，而更强调通过观看比赛来感受体育运动中所蕴含的体育精神，从而提升自己的精神境界。但事实是，许多体育比赛的观众只关注一支队伍或某一位运动员的输赢，一旦比赛结果没有达到自己的预期，就对其进行讽刺、挖苦甚至辱骂。还有部分观众不懂特定体育项目的规则及其对观众的要求，认为所有的比赛都像足球一样可以任意呐喊。以网球比赛为例，选手发球时最忌讳观众呐喊，哪怕是为其呐喊加油也不行，很多人懂得这一点，所以发球时赛场总是非常安静，但总有一部分现场的观众不懂这一点而作出干扰选手的动作，比如呐喊、闪光灯拍照。很多网球运动员正是因为这些干扰而多次在比赛中向特定的观众表达不满，这本是正常的行为，然而在不懂网球比赛规则的观众看来，这竟然是网球运动员不尊重观众的表现。

4.缺乏观赛道德教育

在许多学校的教育内容中，对于观众观赛时的道德教育一直较为薄弱。部分大学生由于缺乏观赛道德教育的影响，不能够正确控制自己在比赛过程中的行为，不清楚观众作为比赛一部分的角色和定位，从而难以有效把控自身行为，产生观赛道德失范现象。

四、提升大学生观赛道德的对策

提升大学生观赛道德，有助于体育赛事发展，也有利于大学生道德素质的提升。

1.启发大学生观赛道德意识

提升大学生观赛道德要启发大学生观赛道德意识。大学生是体育赛事的重要观众群体，其文明观赛对于体育赛事的顺利举行和改善他人的观赛体验都具有重要的作用。高校要重视大学生在体育赛场的表现，要将启发大学生观赛道德意识作为大学生道德教育的重要内容，帮助大学生认识到观赛道德的重要性，从而能够在观赛的时候自觉注重观赛文明。

2.加强大学生观赛知识储备

提升大学生观赛道德要加强大学生观赛知识储备。各种比赛类型不同，对于观众的要求也不同。比如，观看足球赛事，观众可以尽情欢呼，增加球场的热度；但在观看斯诺克比赛的时候，赛场要尽量安静，避免影响到选手的发挥。观看不同的比赛需要观众遵守不同的规则，但对于很多大学生来说，很难全面了解各项运动的特点和观众应该遵守的道德，这就需要高校开展普及型教育，加强大学生观赛的知识储备，帮助大学生正确观赛。

3.制定大学生观赛行为规范

提升大学生观赛道德要制定大学生观赛行为规范。在比赛中，大学生观众观赛行为不妥的地方主要有：其一，部分大学生观众干扰了比赛秩序；其二，部分大学生观众对运动员有语言暴力；其三，部分大学生观众乱丢垃圾。面对这种情况，高校应该制定大学生观赛的行为规范，纳入大学生日常行为规范中，使大学生在观赛过程中能够规范观赛、文明观赛。

第三节　大学生道德舆论的引导

道德舆论就是基于道德的舆论，对每个人都有一定的约束力，是社会公众对道德的评价活动和意见，对社会道德水平影响重大。大学生充满热情，好奇心强，在网络时代信息高速传播的情形下，大学生成为目前道德舆论的重要参与者。如何正确引导大学生参与道德舆论，不仅可以帮助大学生提升道德修养，也有利于净化社会风气。

一、道德舆论的内涵

道德舆论是对道德的一致性评价，也就是说，当大众选择认可的道德标准对某种道德行为进行评价的时候，会形成较为一致的结论，这种结论对当事人、其他人以及整个社会都有重要影响。关于道德舆论，可以从以下三个方面来理解。

1.道德舆论是社会道德意识的重要表现形式

道德舆论作为一种社会意识，也是对社会存在的反映。显然，道德舆论是人们对道德现象的思考所形成的道德认识，在此基础上形成道德评价，是人们意识的反映。不难理解，不同的道德认识会形成不同的道德评价。当人们对道德的意识用语言的形式表达出来，通过不断的交流与发酵，就会在一定的范围内形成道德舆论。因此，在道德舆论中，包含着人们对道德的认知、对道德和情感的表达、对道德现象的态度。

2.道德舆论是个体道德意识作用的合力

仅仅是个体的道德意识，并不能形成道德舆论，而个体的道德意识却是道德舆论形成的必要条件。在合适的环境下，个体道德意识经过互动而形成合力，由最初的个人的道德意识形成了群体的道德意识，并由此不断传播，形成了一个综合性的意见，这就形成了道德舆论。因此，在看待道德舆论的时候，既要认识到个体道德意识的重要性，也要认识到群体道德意识是道德舆论的重要基础。

3.道德舆论是推动道德规范发生作用的重要方式

道德舆论是一种集体道德意识的表达，在社会舆论中占据主导地位，影响着人们对道德现象的评判，指导着人们对道德行为的选择。如果道德舆论是正向的，则可以凝聚道德力量，促进社会良好风气的形成，引导人们形成正确的道德观念。但如果道德舆论是负面的，则有可能影响社会风气。道德舆论实际上是一种巨大的社会精神力量，它不仅传播着社会的道德价值，还在很大程度上对人们的道德心理进行引导和规范，影响着人们的道德行为，促成人们的自律。

二、道德舆论的特征

一般情况下，作为社会意识的道德舆论有着如下三个方面的特征。

1. 评价性

评价性是道德舆论的首要特征。社会道德舆论往往表现出对社会某个道德问题持支持或者反对的态度，不难看出，社会道德舆论往往基于一定的道德评价标准，道德评价却总是以善恶观念为标准的，因此，道德舆论也充满着赞扬或谴责、喜好或厌恶的态度。道德舆论通过有着善念观念的行为准则，动用舆论的力量对道德现象进行评判，对个人的道德行为进行规范，对各种道德关系进行调节，这正是道德舆论评价性的集中体现。

2. 渗透性

渗透性是道德舆论的突出特征。道德舆论是无形的意识，却能让人感受到它的力量，道德舆论对人的思想领域有着深刻的影响。可以说，道德舆论像一只无形的手，指引着人们的思想和行动。在现实生活中，道德舆论深刻影响着人们的生活，深入到社会生活的各个领域，对人们的道德进行全面的调控。随着互联网技术的兴起、互联网媒体的广泛应用，道德舆论更是超越了时空的限制。目前来看，每个人都身处在道德舆论的大环境之中，道德舆论借助于互联网的传播，比以往更有影响力。在这种情况下，道德舆论的渗透性更强。在人们的生活中，都会不自觉地受到道德舆论的影响，以此来选择自己的行为。

3. 制约性

制约性是道德舆论的重要特征。道德舆论体现了社会意识，体现了社会主流的价值取向，体现了绝大多数人的道德意志，这样在无形中形成了一种具有明确善恶标准的高压环境。在这种情况下，每个人都处于"众目睽睽""千夫所指"的压力中，在道德舆论的影响下，对不符合共同道德价值标准的行为进行批评、揭露、制约和监督，或者对符合共同道德价值标准的道德行为进行鼓励和表扬。在某种程度上，道德舆论能够让人们的内心承受巨大的压力，也可以使人们得到心灵的净化、精神的满足和道德的升华。因此，道德在社会范围内产生了无形的精神力量和巨大的心理约束力，这种约束力强制人们规范自己的行为。

三、道德舆论的功能

道德舆论具有丰富的功能，主要表现为调节功能、引导功能和辩护功能等。

1.道德舆论的引导功能

道德舆论的引导功能是道德舆论的主要功能。道德舆论的引导功能，指道德舆论可以帮助人们认清个人利益与他人利益、社会共同利益的关系，启迪人们在道德上的觉悟，从现有的"不道德"到应有的"道德"，改变之前错误的思想行为方式，进而确立正确的思想行为方式。道德舆论的引导功能，可以引导人们扬善抑恶、趋荣避辱，调节和纠正人们的行为，实现人们对社会倡导的道德价值观念和行为的认同，进而抨击和鞭挞与道德准则相悖的思想和行为，肯定先进的道德观念和道德行为，帮助人们自觉地把思想和行为纳入符合社会需要的秩序的轨道。

2.道德舆论的调节功能

道德舆论的调节功能是道德舆论的重要功能。道德舆论通过协调个人利益与社会共同利益关系，指导和纠正人们的行为和活动。道德舆论通过赞誉或谴责的评价方式传递关于其行为的价值信息，疏导和调适人们的思想和行为，唤起人们道德上的自觉性和积极性，使人们了解自己行为的善恶后果，从而继续坚持或改变自己的道德价值取向。道德舆论属于社会"软调控"的范畴，使人们自觉地按照社会倡导的道德准则和价值观念来调节道德关系。

3.道德舆论的辩护功能

道德舆论的辩护功能是道德舆论的特殊功能。道德舆论是进行辩护的重要力量和手段。道德舆论通过善恶、荣辱的评价形成相应的社会舆论，去赞扬、褒奖巩固和发展社会秩序的思想与行为，谴责和贬斥危害社会秩序的思想与行为。道德舆论在人们的义务、良心、荣誉等观念中，深入到社会成员的道德意识中去，以获得道义上的支持。

四、道德舆论的偏失

道德舆论的偏失主要包括"道德无意识""泛道德化""道德暴力""道德错位"等现象。

1.道德无意识

道德无意识指人们对于某些道德现象集体"不发声"，没有意识到其中道德问题的存在，对于该类道德现象的集体放纵。道德无意识主要表现在两个方面：一方面，错误认识造成的道德无意识。比如目前出现的利己主义、享乐主义、拜金主义，已经超过了道德应有的界限，但却很少有人将其认为是道德问题。另一方面，社会习俗造成的道德问题。比如中国的社会是人情社会，在人际关系中往往会有"走后门"的行为，超越了基本的道德范畴，但却会被大多数人无视。

2.泛道德化

泛道德化是指道德意识无限制地扩张，经常给社会现象扣上道德的帽子，将一切社会现象道德化。目前来看，泛道德化主要有三种表现形式。第一，将所有的社会现象归因于道德。比如，在社会舆论领域存在一种"道德万能论"的论调，总是从道德层面找问题，夸大了道德的功能性。第二，将法律问题道德化，将法治的不健全也归结为道德问题，在一定程度上模糊了法律和道德的边界，过度依赖道德。第三，对人的要求过高。要求所有人都具有美德，要求所有人都追慕圣人，无形中提高了道德的标准，使道德的要求变得苛刻。公交车上强迫让座就是一个很典型的例子，这样不仅不是发扬美德，而且侵犯了他人的合法权益，同时也是不道德的。

3.道德暴力

道德暴力，顾名思义是以道德的形式实施暴力，是一种非常不道德的行为。这类情况往往是打着道德的幌子侵犯他人的权益。随着互联网的逐渐发展，互联网世界中挥舞"道德大棒"进行网络暴力的现象比比皆是。在网络世界，很多人在道德约束较弱的环境下容易产生道德优越感，对于一些缺乏道德自律的人，往往习惯性地举起道德的"大棒"，作出不道德的行为，在网络空间实施道德暴力。

4.道德错位

道德错位是指人们的道德观念发生了扭曲，呈现出善恶颠倒的特点。如果很多人将利己看作人的天性，将利他看作人的缺点，这样无疑是颠倒了善恶。造成这种现象，既有个人选择的原因，也有错误道德舆论的原因。

五、大学生道德舆论的引导

对于大学生来说，要在以下三个方面给予正确的引导，帮助大学生正确参与道德舆论。

1.树立正确的道德观念

树立正确的道德观念是大学生正确参与道德舆论的重要前提。道德观念是大学生参与道德舆论的标尺，如果标尺是正确的，那么舆论评价也是正确的；如果标尺是错误的，那么舆论评价也不会正确。所以，高校要帮助大学生树立正确的道德观念，明确道德的评判标准，帮助大学生摆脱错误信息的干扰。在思想上正本清源，才能够在道德舆论中明确标准，正确参与道德舆论。

2.培养全面的评价能力

培养全面的评价能力是大学生正确参与道德舆论的重要基础。在参与道德舆论的时候，大学生需要有全面的评价能力。对于道德问题，不应该妄下结论，应该充分收集材料，去伪存真，分析道德问题背后的本质，抓住问题的关键点，用正确的道德观念去进行全面的评价。所以，高校要通过案例的解析，全面培养大学生的道德评价能力，通过不断质疑、思考、分析，抽丝剥茧般揭示道德问题的真相。

3.选择合理的参与路径

选择合理的参与路径是大学生正确参与道德舆论的重要方式。比如，在网络上参与道德舆论的时候，大学生不要带着情绪去参与，要保持冷静的头脑，不要在评论区与其他人进行毫无意义的争吵。在这种情况下，合理的参与路径是大学生利用自媒体有理有据地发表自己的观点、陈述自己的评价和理由，或是通过不断辩论和讨论发现新的问题和新的观点，做到以理服人，才能让更多的人认同自己的观点。

第四节 大学生学术道德

学术道德是道德的一个特殊类型，主要存在于学校、科研机构等知识密集型机构。大学生处于学习和研究的重要阶段，强调大学生的学术道德对于大学生的成长成才至关重要。目前来看，大学生的学术道德问题不容乐观，大学生的学术道德亟须加强。

一、大学生学术道德失范的内容

学术道德是一个比较传统的道德类型，对于大学生来说并不陌生。目前来看，大学生学术道德失范问题较为严重，主要表现在以下四个方面。

1.考试作弊

大学生各类考试中经常出现作弊现象。比较常见的作弊现象有抄袭他人的试卷答案、自行携带电子设备进行抄袭和自行携带小抄进行抄袭等。虽然很多高校对于大学生作弊现象进行了严厉的处理，但由于现代信息技术的发展，大学生的考试作弊手段开始向多样化、科技化发展，一些大学生抱着侥幸心理，依然我行我素地在考试中作弊，以获取好的成绩。

2.科研造假

很多大学生在实验的过程中没有获得理想的数据，但是为了让论文或者实验报告能够顺利完成，就选择篡改数据的方法。这是很严重的科研作弊，是一种学术失范行为。此外，在开展科研活动的过程中，部分大学生也存在着窃取同学科研成果的行为，这种行为不仅仅是道德问题，还涉及侵犯知识产权的问题。因此，在科研造假方面，大学生的学术道德依然面临着严峻的挑战。

3.学术违规

学术违规问题往往出现在大学生进行论文投稿的时候。常见的情况有编造引用文献、一稿多投和虚报课题等等。这些行为虽然表面上使论文的内容变得更加丰满，但也在一定程度上影响了论文的真实性。同时，在没有贡献的情况下在论文上署名，这种"搭便车"的行为也影响了学术规范。另外，剽窃他人的观点、改写他人的论文，也是目前大学生学术违规的常见行为。

4.荣誉造假

荣誉造假一般出现在大学生求职择业的时候。由于在求职择业的时候，更多的荣誉可以使自己在求职择业中更具优势，所以很多荣誉不足的大学生，往往使用荣誉造假的方式来丰富自己的简历，以便获得更多的工作机会。比如有的大学生使用假的英语等级证书、假的计算机等级证书，有的大学生编造自己的实习经历、虚构自己的奖项等。

二、大学生学术道德失范的原因

大学生学术道德失范的原因主要有以下五个方面。

1.缺乏学术诚信态度

缺乏学术诚信态度是大学生学术道德失范的重要原因。很多大学生缺乏学术诚信态度，对学术道德问题缺乏足够的敬畏，难以静下心来扎扎实实学习、仔仔细细研究。甚至许多大学生将学术诚信当成儿戏。在这种情况下，很多大学生并不觉得学术道德失范是一件羞耻的事情，因此抱着无所谓的态度对待学术道德失范问题，导致了一系列学术失范行为。

2.缺乏知识产权意识

缺乏知识产权意识也是大学生学术道德失范的重要原因。很多大学生没有将知识产权作为不可侵犯的权利。因此，很多大学生在抄袭或者以其他方式侵犯其他人知识产权的时候，并没有愧疚之心，也没有意识到自己已经触犯法律。在这种情况下，一些大学生更习惯于剽窃其他人的知识成果，当作自己的知识成果，使自己从中获益，从而造成学术道德的失范现象。

3.自私自利心理作祟

自私自利心理作祟也是大学生学术道德失范的重要原因。一些大学生有着很浓重的功利思想，甚至为了获得一定的利益不择手段。为了能够取得好的名次、获得某种奖项、吸引他人崇拜的目光以及在求职择业中凸显优势，他们不惜采取作弊的手段为自己谋求私利。在这种情况下，由于自私自利的心理作祟，一些大学生采取了学术道德失范的行为。

4.现代信息技术助力

现代信息技术助力也是大学生学术道德失范的重要原因。现代信息技术的发展、互联网的应用，为大学生考试作弊、剽窃他人成果提供了便利。在这种情况下，很多大学生利用技术优势进行考试作弊、窃取他人学术成果。由于现代信息技术的发展与考试模式的滞后，一些大学生在使用现代信息技术以及移动设备的时候成功实施了作弊。目前来看，高科技作弊之风有愈演愈烈之势。

5.学术道德教育不足

学术道德教育不足是大学生学术道德失范的主要原因。目前来看，大多数高校没有将学术道德教育作为大学生道德教育的重要内容。在这种情况下，部分大学生对于学术道德失范行为的危害认识不足。部分大学生并不认为学术道德失范是一种严重的问题，而认为其仅仅是一个微小的错误。所以说，学术道德教育不足是目前大多数高校学生学术道德失范的主要原因，这也是目前大学生道德教育的重要缺失。

三、大学生学术道德提升的路径

大学生学术道德提升的路径主要有以下两个方面。

1.加强大学生的学术道德教育

加强大学生的学术道德教育主要从以下几个方面着手。首先，从危害角度加强大学生的学术规范教育，让大学生明确学术道德失范的危害，帮助大学生认识到学术失范的严重性，在这种情况下，大学生才会强化学术道德意识，并有意识地提升自己的学术道德。其次，从知识产权角度加强大学生的学术规范教育，让大学生了解知识产权，明确侵犯知识产权不仅仅是道德问题，而且是违法行为。再次，从道德角度加强大学生的学术规范教育，让大学生认识到学术失范是严重的道德问题，关乎一个人的诚信，如果一个人不够诚信，那么很难取得别人的信任，不仅会饱受质疑，也会影响未来事业的发展。最后，学术道德教育还能帮助大学生纠正自私自利的价值观，杜绝自私自利的心理。

2.加强大学生的学术道德监督

高校加强大学生的学术道德监督主要从以下几个方面着手。首先，高校要明确学术道德失范的处理方式，让大学生明白，学术道德失范有相应的规则来规范。其次，高校要落实学术道德责任制，明确高校教师、学生的学术责任，将学术道德落到实处。最后，高校要建立学术道德的监督机制，对大学生的学术道德进行全面的监督，有效处理大学生的学术道德失范问题。

参考文献

［1］［德］黑格尔.法哲学原理［M］.范扬，张企泰，译.北京：商务印书馆，2009：197.

［2］马克思恩格斯全集：第1卷［M］.北京：人民出版社，1995：119.

［3］金生鈜.规训与教化［M］.北京：教育科学出版社，2004：315.

［4］［德］马克斯·舍勒.价值的颠覆［M］.罗悌伦，等译.北京：生活·读书·新知三联书店，1997：126.

［5］胡适.中国哲学史［M］.北京：中华书局，1991：84.

［6］梁漱溟.中国文化要义［M］.上海：上海人民出版社，2005：70.

［7］吴增定.利维坦的道德困境：早期现代政治哲学的问题与脉络［M］.北京：生活·读书·新知三联书店，2012：11.

［8］［法］爱弥尔·涂尔干.道德教育［M］.陈光金，沈杰，朱谐汉，译.上海：上海人民出版社，2001：118.

［9］［英］齐格蒙特·鲍曼.流动的现代性［M］.欧阳景根，译.上海：上海三联书店，2002：212.

［10］［德］康德.康德著作全集：第9卷［M］.北京：中国人民大学出版社，2013：24.

［11］［美］阿拉斯代尔·麦金太尔.德性之后［M］.龚群，戴扬毅，等译.北京：中国社会科学出版社，1995：214.

［12］戴贝钰.马克思主义道德观视角下公民道德自觉的生成逻辑［J/OL］.

思想战线，2024（03）：1-11.

[13]邱昆树.超越"市民化"：道德教育发展的辩证逻辑[J].思想理论教育，2024（05）：62-68.

[14]陈涛.人造社会还是自然社会：涂尔干对社会契约论的批判[J].社会学研究，2013（03）：28-31.

[15]吴晓明.当代中国的精神建设及其思想资源[J].中国社会科学，2012（05）：23-31.

[16]阎亚军，邱昆树.文化传统与我国公民教育建构：基于中国文化传统中连带的"公"的思考[J].高等教育研究，2018（03）：18-23.

[17]邱昆树，王小飞，王真.居于中道：学校德育的理性选择[J].教育研究，2018，39（07）：49-53.

[18]李玲.数字德育体系的价值追求：人技共善[J].教育理论与实践，2024，44（02）：33-37.

[19]吕成祯.回归与创新：新时代高校德育体系的重构[J].思想政治教育研究，2023，39（01）：116-120.

[20]郑富兴.学校德育体系课程化的空间逻辑[J].齐鲁学刊，2022（05）：69-80.

[21]王薇.德育场视域下的中小学德育工作体系构建研究[J].教育科学研究，2021（06）：81-87.

[22]邹太龙，王世枚.守望德育的崇高性：疫情下的学校德育省思[J].中国教育学刊，2020（10）：97-102.

[23]扶摇.学校德育工作的基本脉络[J].教育科学研究，2020（08）：1.

[24]郑富兴，周利.学校德育活动课程体系构建的结构化问题[J].中国教育学刊，2019（12）：33-36.

[25]孙其昂.现代性视阈中青少年思想道德教育的特征及认识思路[J].学校党建与思想教育，2019（19）：15-19.

[26]袁尚会.大中小学德育目标建构的反思与改进[J].学校党建与思想教育，2019（19）：43-44.

[27]高文苗.构建家庭、学校与社会联动的德育体系[J].人民论坛，2019（18）：56-57.

[28]周峰.新时代一体化德育体系的构建[J].中学政治教学参考，2019（12）：61-63.

[29]兰淇，孟军，刘冰璇.大数据背景下高校德育评价体系实证研究

［J］.黑龙江高教研究，2019，37（02）：141-146.

［30］刘子高，高华，吕帅，等.学生"认知·养成·评价"德育系统的构建［J］.教学与管理，2018（33）：74-76.

［31］刘芳.传统德育资源的当代挖掘与现代性转化［J］.学校党建与思想教育，2018（20）：31-33.

［32］孙秀玲.主体道德教育视域下的主体德育体系建构［J］.教学与管理，2018（18）：68-70.

［33］李健.构建新时代中国特色大中小幼一体化德育体系的四个维度［J］.深圳大学学报（人文社会科学版），2018，35（01）：116-121.

［34］靳浩辉.《大学》德育思想的逻辑体系与当代大学德育的开展［J］.教育评论，2017（10）：156-160.

［35］白振荣，赫鹏飞.基于戴维·赫尔德社会民主理论的德育体系建构［J］.人民论坛，2015（35）：217-219.

［36］张兰玲.多元文化背景下学校德育低效的成因及应对［J］.中国教育学刊，2015（06）：49-53.

［37］魏长领，关浩.公德的成长与私德的规范［J］.人民论坛，2018（05）：130-131.

［38］刘小兰，邬海明，陈行龙.整合知情意行提高德育实效［J］.南昌大学学报（人文社会科学版），2003（06）：172-175.

［39］谢璐妍，杨乐，王晶.论马克思生态伦理观的内在逻辑及当代价值［J］.思想政治教育研究，2019，35（06）：40-45.

［40］唐新华.生态伦理视域中的德育新思维及生态德育体系建构［J］.南京社会科学，2011（12）：134-138，143.

［41］王建跃，郭玲.国外生态德育经验及其启示［J］.学校党建与思想教育，2015（01）：94-96.

［42］王源平，杨沛兴.新形势下大学生生态道德教育对策探研［J］.学校党建与思想教育，2015（16）：22-23.

［43］高德毅.高校学生网络行为与规范管理研究［J］.思想理论教育导刊，2013（05）：119-122.

［44］王丽鸽.新时代网络文明建设的认知路向［J］.思想理论教育，2021（12）：85-90.

［45］高德毅.高校学生网络行为与规范管理研究［J］.思想理论教育导刊，2013（05）：119-122.

[46]刘运喜.自调节机制理论在青少年道德修养中的作用[J].思想政治教育研究，2010（02）：122.

[47]莫伶，徐成芳.新时代高校网络思想政治教育内容建设[J].社会科学家，2023（05）：149-154.

[48]赵晖，代保平.信息时代高校思想政治教育的话语转型[J].学校党建与思想教育，2023（08）：64-66.

[49]高琦，娄淑华.面向新时代公民道德建设的中华传统美德现代阐释[J].学校党建与思想教育，2023（14）：29-31.

[50]孙宇萌.社会主义核心价值观引领个人品德建设的三重逻辑[J].学校党建与思想教育，2023（12）：34-37.

[51]徐芷菡，王凯.重建道德关系：道德教育的困境与出路——基于对"无德而富"问题的忧思[J].教育学术月刊，2023（06）：106-112.

[52]赵五一.大数据赋能高校德育的机制、困难与进路[J].中学政治教学参考，2023（20）：40-43.

[53]邓国彬，张瑞，刘成兴.新时代高校思想政治工作协同育人机制构建研究[J].学校党建与思想教育，2023（02）：25-27.

[54]林平，李运庆.新时代高校"五化"协同育人机制的构建[J].学校党建与思想教育，2023（08）：67-69.

[55]王少.网络"泛娱乐化"对青年价值观的危害及应对[J].中国电化教育，2022（09）：69-76.

[56]龚强，侯士兵.大学生思想政治教育网络载体应用现状及其优化[J].学校党建与思想教育，2022（03）：81-84.

[57]罗润锋，吕志伟.新时代网络空间道德建设的现实困境与破解策略[J].学校党建与思想教育，2022（22）：69-71.

[58]冯建军.网络公民教育：智能时代道德教育的新要求[J].伦理学研究，2022（03）：1-9.

[59]谷永鑫，张瑜.论网络空间的道德治理[J].思想理论教育，2021（11）：83-87.

[60]吴军其，任飞翔，李猛.教师数字能力：内涵、演进路径与框架构建[J].黑龙江高教研究，2021（09）：83-90.

[61]邹东明.思想政治工作网络舆情治理功能解析[J].中学政治教学参考，2021（28）：98-99.

[62]张彦，马亮亮.新时代网络空间道德建设的前提、特征与路径[J].

思想理论教育，2021（08）：80-85.

［63］杜凌飞.网络道德的意识形态功能论析［J］.思想政治教育研究，2021（06）：140-145.

［64］张驰，宋来.论时代新人的道德素养及其培育［J］.思想政治教育研究，2021（03）：150-155.

［65］赵本燕.主体间性视域下青年网络道德失范的审视与反思［J］.理论导刊，2021（12）：82-88.

［66］范晓光，钟明华.理解公民道德："公民与道德的对话"［J］.道德文明，2016（04）：98-105.

［67］苏珍金.社会主义道德建设研究综述［J］.管理观察，2017（35）：58-59.

［68］张轶慧.新时代背景下高校公民道德教育新探［J］.赤峰学院学报（汉文哲学社会科学版），2018，39（08）：35-37.

［69］李宣虹.网络舆情视角下大学生意识形态安全教育［J］.中学政治教学参考，2021（29）：90.

［70］朱琳.化解外烁困境：大学生网络行为的自觉内塑［J］.安徽师范大学学报（人文社会科学版），2020（01）：53-58.

［71］邵芳强，薛洪慧.社会主义核心价值观引领网络道德建设的路径探析［J］.思想理论教育导刊，2020（05）：82-86.

［72］李亚青，王静.高校思想政治教育网络育人探究［J］.学校党建与思想教育，2020（06）：60-62.

［73］王永友，王娜娜.网络空间道德失范的三重判定［J］.思想理论教育，2020（07）：86-92.

［74］王晓艳.多元文化背景下公民道德教育的困境与对策［J］.学校党建与思想教育，2016（10）：36-37.

［75］冯永刚.构建现代公民道德教育体系的必要性及路径选择［J］.教育理论与实践，2017（04）：50-53.

［76］谢桂山.大数据语境下道德治理的创新进路［J］.青海社会科学，2020（03）：41-49.

［77］张雪黎，丁艺龙.网络媒介素养教育与青少年道德建设［J］.中国广播电视刊，2020（09）：20-23.

［78］宋小红.网络道德失范及其治理路径探析［J］.中国特色社会主义研究，2019（01）：71-76.

[79]陈文娟，陈希.新时代公民道德建设新在哪？[J].思想教育研究，2019（11）：19-22.

[80]王莹，张森林.新时代网络法治文化建设的路径研究[J].思想政治教育研究，2019（06）：138-142.

[81]金德楠.习近平关于道德建设的重要论述探析[J].湖北社会科学，2019（11）：20-24.

[82]段辉艳，蒲清平.新时代网络意识形态治理法治化的三重逻辑[J].学校党建与思想教育，2019（02）：26-28.

[83]张红霞，赵金.自媒体时代大学生道德理性培育论析[J].思想教育研究，2019（11）：63-67.

[84]时昕，卢佩言，李如齐.大学生网络道德失范行为现状分析[J].学校党建与思想教育，2019（16）：67-68.

[85]张羽程."互联网+"时代大学生网络道德素养现状与教育策略[J].教育理论与实践，2019（09）：24-26.

[86]潘瑾菁.习近平新时代网络意识形态工作思想研究[J].广西师范大学学报（哲学社会科学版），2018（03）：37-41.

[87]闫伟.高校德育新探索[J].菏泽学院学报，2017（04）：99-105.

[88]陈帅.以德性促德行：大学生道德教育有效性分析[J].开封教育学院学报，2017（01）：197-198.

[89]王艳飞.关于当代高校道德教育的反思[J].教育教学论坛，2016（20）：215-216.

[90]李慧敏.论高校大学生道德建设存在的问题[J].科教文汇，2018（03）：10-12.

[91]葛玮.加强高校大学生公民道德教育路径研究[J].长江丛刊·理论研究，2018（01）：227-228.

[92]冯香婷，陈炳权.提升大学生思想政治教育时效性的对策研究[J].教育教学论坛，2018（43）：55-56.

[93]张泰来.当前大学生道德教育存在的问题及其对策[J].思想教育研究，2010（04）：71-74.

[94]赵增彦.中国特色社会主义公民道德建设理论成因探析[J].道德与文明，2016（02）：114-119.

[95]石国亮."新时代"青年的使命与担当[J].中国青年社会科学，2018（01）：19-25.

［96］郑永廷.思想政治教育学科研究重点与难点辨析［J］.思想教育研究，2007（05）：3-7.

［97］张祎.论习近平道德观指导下的高校师德师风建设［J］.淄博师专学报，2018（01）：68-72.

［98］林丹.学校德育的合理路径：方法的视角［J］.东北师大学报（哲学社会科学版），2015（01）：15-19.

［99］陈虹，张杰.美国公民道德教育分析启示［J］.决策与信息，2016（36）：75-75.

［100］李芳.浅析美国公民教育对强化国家认同的作用［J］.楚雄师范学院学报，2013（04）：64-70.

［101］檀传宝.论"公民"概念的特殊性与普适性：兼论公民教育概念的基本内涵［J］.教育研究，2010，31（05）：17-22.

［102］宫珂.西方大学公民道德教育对中国高校的启示［J］.德育研究，2010（03）：93-95.

［103］苗正雯，陈虹.新媒体环境下大学生网络道德教育研究［J］.法制与社会，2018（24）：190-191.

［104］孙超，宋吉鑫，姚远.大数据环境下网络道德问题及对策［J］.党政干部学刊，2018（07）：53-56.

［105］陈曦.当代大学生公民素养教育研究［D］.哈尔滨：东北农业大学，2012.

［106］杨佳乐.韩国学校公民道德教育研究［D］.长春：吉林大学，2017.

［107］杨金铭.高校德育现代化研究［D］.哈尔滨：哈尔滨师范大学，2017.

［108］徐晓霞.新中国60年来高校理想教育的基本历程与基本经验［D］.济南：山东大学，2016.

［109］董蕾.改革开放以来高校思想政治教育的发展历程与思考［D］.长春：吉林大学，2006.

［110］张鹏仙.新时代高校大学生思想政治教育工作创新与实践研究［D］.太原：中北大学，2018.

［111］包蕾.社会文化建设中科技文化价值研究［D］.哈尔滨：哈尔滨理工大学，2014.

［112］柳莹.习近平的德育思想研究［D］.深圳：深圳大学，2017.

［113］高琦.传统文化在公民道德教育中的价值研究［D］.长春：吉林大

学，2018.

[114]杨金铭.高校德育现代化研究[D].哈尔滨：哈尔滨师范大学，2017.

[115]涂桂华.青年网络道德失范的引导[J].人民论坛，2018（32）：110-111.

[116]叶定剑.当代大学生网络素养核心构成及教育路径探究[J].思想教育研究，2017（01）：97-100.

[117]蒋研川，王婧.网络社会公德主体建设存在的问题及对策研究[J].思想教育研究，2017（08）：116-119.

[118]张引琼，唐琳，戴玮宏.大学生网络德育平台及其生态优化策略[J].湖南农业大学学报（社会科学版），2017（05）：95-100.

[119]张海斌.如何填补大学生网络道德教育"漏洞"[J].人民论坛，2017（05）：82-83.

[120]朱琳.大学生网络行为失范的类型、成因与对策[J].华东师范大学学报（教育科学版），2016（02）：88-95，121.

[121]于安龙.虚拟的网络与真实的道德：大学生社会主义核心价值观培育的网络道德之维[J].中国青年研究，2016（08）：103-108.